PROLOGUE
D'UNE
RÉVOLUTION.

Imp. de E. Boutruche, 90, r. de la Harpe.

PROLOGUE

D'UNE

RÉVOLUTION

FÉVRIER. — JUIN. — 1848.

PAR LOUIS MÉNARD.

> Une révolution qui n'a pas pour but d'améliorer profondément le sort du peuple n'est qu'un crime remplaçant un autre crime.
>
> MAXIMILIEN ROBESPIERRE.

PARIS,

AU BUREAU DU PEUPLE.

3, RUE COQ-HÉRON.

PROLOGUE
D'UNE RÉVOLUTION.
FÉVRIER – JUIN – 1848.

CHAPITRE I.

Introduction. — Causes générales de la révolution de Février. — Agonie de la vieille société. — Corruption dans les mœurs et dans la politique. — Session des scandales. — La bourgeoisie se détache de son gouvernement. — Les banquets réformistes. — Le ministère viole le droit de réunion. — L'opposition recule. — Attitude du peuple et des sociétés secrètes. — Conseil de guerre aux bureaux de la *Réforme*.
Journée du 22 février. — Rassemblements populaires. — Préparatifs du pouvoir. — Hésitation des troupes et de la garde nationale. — Premières barricades.

La Révolution française avait été brusquement arrêtée dans sa marche le 9 thermidor, au moment où, victorieuse de ses ennemis, elle préparait la solution du grand problème qu'elle avait posé: l'organisation de la Démocratie. Le dogme de la religion nouvelle était trouvé : c'était le Droit, complément nécessaire et méconnu jusqu'alors du dogme chrétien, qui est le Devoir. Les principes étaient proclamés ; ils étaient contenus dans la déclaration des Droits de l'Homme, l'Evangile de la Démocratie : c'étaient la Liberté, l'Egalité et la Fraternité. Restait l'application. Devant cette question pratique, qu'il nous soit permis de le croire, pour diminuer nos regrets, les philosophes de la Montagne eussent hésité.

Pendant la période de réaction qui s'étend de 1794 à 1848, leur œuvre, interrompue dans le monde des faits, fut continuée dans le monde des idées par des penseurs solitaires. De même que dans les mythologies de l'Inde, avant de créer un monde, l'Esprit s'incarne et se recueille pendant de longues années, pour évoquer, à force d'austérités, de méditations et de prières, le rêve divin, miroir du monde à venir ; ainsi, pendant le long sommeil de la Démocratie, les théories sociales apparurent au Peuple comme le rêve d'une société nouvelle.

Des livres des philosophes, ces théories se répandaient dans l'esprit de quelques disciples, et dans l'ombre des sociétés secrètes, attendant l'heure d'éclore à la lumière. Cette heure, plusieurs révolutions impatientes essayèrent de la devancer ; c'étaient des germes avortés : les penseurs n'avaient pas assez médité, le Peuple et les martyrs de sa cause n'avaient pas assez souffert.

Les révolutions, ainsi qu'on l'a souvent remarqué, ressemblent dans leur marche aux grands cataclysmes du monde physique. Cet universel sommeil de la nature qui précède les orages, nous en retrouvons l'image dans cette torpeur de l'opinion publique pendant les dernières années de la monarchie, torpeur que le parti bourgeois prenait ou feignait de prendre pour une inébranlable confiance de l'opinion, et que Lamartine caractérisait bien mieux en disant : La France s'ennuie. On avait perdu l'habitude et presque le souvenir de ces profondes secousses qui avaient plus d'une fois compromis l'existence de la dynastie de Juillet.

Au milieu de ce calme, la décomposition du vieux monde s'opérait rapidement. Au-dessus du

Peuple sans existence légale, sans droits politiques ni civils, sans garanties contre l'oppression, l'exploitation et la misère, s'endormaient en paix les classes officielles, en proie à une gangrène dévorante.

Je ne sais ce qu'avaient fait les villes maudites que consuma le feu du ciel, mais à coup sûr, la corruption ne fut en aucun temps si profonde que dans le nôtre. Elle était arrivée à un tel degré, qu'elle n'avait plus conscience d'elle-même : le sens moral était atrophié, la tyrannie du capital érigée en dogme, le vol légalisé et pratiqué impudemment au grand jour par tout ce qu'on appelait alors le pays légal, depuis le notaire, l'agent de change et le banquier, s'enrichissant de la ruine des familles, et spéculant sur la disette des grains, jusqu'au petit marchand, fraudant sur le poids et la qualité de sa marchandise, et falsifiant les aliments du Peuple avec des drogues vénéneuses ; les lois de la nature elle-même viciées et perverties, le mariage transformé en un marché de prostitution, le foyer conjugal en un bagne, la famille en un troupeau d'héritiers s'abattant comme des corbeaux sur un cadavre.

La corruption avait passé des mœurs dans la politique. La chambre des députés, devenue une armée disciplinée et salariée de fonctionnaires, ne servait plus qu'à couvrir d'une apparence de légalité la honteuse politique du pouvoir exécutif. A l'extérieur, cette politique rayait la France du rang des nations indépendantes pour en faire l'instrument servile de tous les gouvernements absolus; à l'intérieur, elle étouffait toutes les libertés politiques, organisait la vénalité des charges d'un côté, celle des consciences de l'autre, et appuyait la monarchie bourgeoise sur une aristocratie de fonctionnaires et de financiers.

Cette aristocratie perdit la monarchie de Juillet, comme l'aristocratie militaire avait perdu l'empire, en forçant la petite bourgeoisie, opprimée et exploitée comme le Peuple, à faire cause commune avec lui. Ajoutons aussi que la partie honnête de la bourgeoisie fut détachée du gouvernement par les tripotages honteux qui se révélèrent coup sur coup, et firent donner à la session de 1847 le nom de *session des scandales*. On apprit par les révélations d'un député journaliste, Emile de Girardin, que le gouvernement avait vendu des priviléges de théâtre, des projets de loi, des promesses de pairie. On vit un ministre, convaincu de concussion, condamné à la dégradation civique. En abandonnant ainsi comme un bouc émissaire un collègue maladroit, le ministère crut avoir apaisé l'opinion; l'opposition insista et demanda une enquête : les ministres opposèrent une dénégation pure et simple, et la chambre se déclara satisfaite de ces explications.

Ce dernier trait acheva d'éclairer le pays sur la lèpre qui rongeait son gouvernement. Le seul pouvoir qui restât debout dans l'opinion, la chambre des députés, venait de proclamer elle-même sa déchéance, et l'idée longtemps oubliée de la réforme électorale apparut tout à coup comme un remède à cette pourriture qu'on ne pouvait plus cacher. Des banquets réformistes s'organisèrent dans toute la France. Presque partout, à la vérité, la bourgeoisie et ses représentants y dominaient, et, au milieu de cette effervescence de l'opposition dynastique, le parti républicain se tenait dans l'ombre ; cependant on perdit peu à peu l'habitude de porter la santé du roi dans ces banquets; parfois même des discours franchement démocratiques épouvantèrent à la fois le ministère et ceux qui avaient provoqué une réaction contre lui.

Ce fut alors que les banquets commencèrent à inspirer au gouvernement des craintes sérieuses. La dernière phrase du discours prononcé par le roi à l'ouverture des chambres contenait une allusion à ces réunions dont la cause était attribuée à des passions ennemies et à des entraînements aveugles. La lutte était engagée, l'opposition voulut la soutenir; elle organisa un banquet à Paris et s'efforça de faire constater la nécessité de la réforme dans l'adresse de la chambre des députés au roi. Mais ce fut pour le ministère l'occasion d'un nouveau triomphe; l'inébranlable bataillon des satisfaits fit replacer dans l'adresse les mots de *passions ennemies* et d'*entraînements aveugles*, par lesquels le discours de la couronne avait flétri les banquets. Le ministère, rassuré, voulut en finir avec ces manifestations inquiétantes, et déclara s'opposer au banquet annoncé.

Ici, l'arbitraire devenait flagrant et intolérable ; depuis plusieurs années on avait exhumé de vieux décrets contre les associations, mais le droit de réunion avait toujours été reconnu, et rien dans notre législation n'autorisait la défense des ministres. Les commissaires du banquet, auxquels s'adjoignirent environ soixante députés et trois pairs de France, d'Alton-Shée, de Boissy et d'Harcourt, manifestèrent l'intention de passer outre.

Au milieu de l'agitation des esprits, une telle résolution pouvait amener une émeute; le gouvernement ne l'ignorait pas ; toutes ses mesures étaient prises depuis longtemps. Paris et les forts étaient encombrés de troupes ; une émeute ne pouvait manquer de rallier autour du pouvoir tous les amis de l'ordre, on aurait bon marché des autres, et il serait facile, après la victoire, de faire retomber sur l'opposition la responsabilité du sang versé.

Cette responsabilité effraya l'opposition. La plupart des députés qui devaient prendre part au banquet appartenaient au centre gauche et se ralliaient autour d'Odilon Barrot. On craignait les députés radicaux qui n'avaient été appelés que pour faire nombre ; on sentait instinctivement que l'opposition constitutionnelle n'avait pas assez de vitalité pour profiter d'une révolution. Il fallait à tout prix éviter une collision dont le résultat ne pouvait profiter qu'au pouvoir ou au parti radical.

On crut y parvenir en choisissant le lieu du banquet dans les Champs-Élysées ; la facilité avec laquelle les troupes y peuvent manœuvrer, la largeur des rues environnantes y rendaient, supposait-on, toute émeute impossible.

De toutes les maladresses de l'opposition constitutionnelle, aucune peut-être ne fut plus dangereuse ; elle livrait sans défense à leurs ennemis ceux qui répondaient à son appel ; si le ministère eût dirigé le mouvement, il n'eût pas agi autrement. Enfin, les commissaires du banquet, pour rendre la manifestation plus imposante, invitèrent tous les membres de la garde nationale qui partageaient leurs opinions à se rendre en costume et en armes sur la place de la Concorde, et à former une haie sur leur passage. On comptait sur trente mille hommes, dont la présence devait suffire pour contenir le Peuple.

Le ministère répondit en faisant afficher dans Paris la loi sur les attroupements, et une proclamation défendant aux gardes nationaux de se réunir sans réquisition. Le lendemain, le ministère, interpellé par Odilon Barrot, déclara qu'il disperserait par la force toute tentative de réunion.

L'opposition était hors d'haleine : ce dernier coup l'acheva. Le banquet devenait un acte de rébellion, Odilon Barrot n'eut pas la force de passer outre. Il n'est pas de question politique, dit-il, qui vaille une goutte de sang. Les journaux annoncèrent que l'opposition renonçait au banquet et se contentait de déposer sur le bureau du président de la chambre un acte d'accusation contre le ministère. Ce fut le dernier effort de la gauche dynastique. Dix-huit députés seulement, au nombre desquels était Lamartine, et les trois pairs de France, paraissaient décidés à résister courageusement à l'arbitraire, lorsqu'ils apprirent que la commission du banquet avait fait disparaître les préparatifs de la réunion.

Mais le parti républicain, qui s'était tenu en dehors des événements, se tint prêt à agir.

Les sociétés secrètes, qui avaient de nombreuses ramifications parmi les ouvriers, se décidèrent à se porter au lieu du rendez-vous, sans armes et par petits groupes, pour agir sur l'esprit des masses, profiter des circonstances, et imprimer une direction au mouvement.

La veille du jour fixé pour le banquet, une réunion de conspirateurs et de journalistes républicains eut lieu dans les bureaux de la *Réforme*. Ledru-Rollin, Flocon, Louis Blanc, Rey, Baune, Thoré, Lagrange, Caussidière, s'y trouvaient avec Albert et d'autres ouvriers, très-influents dans leurs quartiers. C'est de cette réunion que partit la volonté de renverser la monarchie.

Le Peuple ne se laissa pas non plus arrêter par les tergiversations de ses représentants. Dans la matinée du mardi 22, des groupes nombreux d'ouvriers se répandirent sur les boulevarts et dans les environs des Champs-Élysées. A dix heures des étudiants, au nombre de 150, partent de la place du Panthéon et se réunissent sur les quais à un cortége de plus de deux mille ouvriers descendus des faubourgs. La colonne se dirige, par la rue Saint-Honoré, vers la place de la Madeleine, aux cris de Vive la réforme ! à bas Guizot ! et s'avance bientôt jusqu'à la place de la Concorde en chantant *la Marseillaise*; elle est arrêtée à l'entrée du pont par de forts détachements de garde municipale. Quelques jeunes gens forcent le passage; la colonne les suit et envahit la chambre, mais les députés n'étaient pas encore en séance ; le Peuple se retira.

Dans la prévision d'une lutte inévitable, le pouvoir avait réuni des forces imposantes. Vingt-sept mille hommes occupaient les forts. Le général Perrot, le même qui commanda le fort de Vincennes et l'attaque du faubourg Saint-Antoine en juin, avait rendu la chambre inabordable. Mais partout, sur le passage des troupes, le Peuple criait : Vive la ligne ! Vivent les dragons ! Ces témoignages de sympathie rappelaient aux soldats leur véritable devoir ; ils passaient silencieusement au milieu de la foule, protestant peut-être intérieurement contre cette loi maudite, qui les force, eux, enfants du Peuple, à se faire l'instrument servile de toutes les tyrannies.

Depuis 1830, dans les précédentes émeutes, la troupe avait toujours eu besoin, pour tirer sur le Peuple, de se sentir excusée par la complicité de la garde nationale. Jamais celle-ci n'avait manqué de répondre aux appels du pouvoir. Cette fois cependant elle n'avait pas été convoquée; on la redoutait, et peut-être avec quelque raison. La petite bourgeoisie était devenue hostile non pas à la royauté, mais au ministère.

Cependant la chambre entrait en séance. Odilon Barrot et ses amis crurent avoir satisfait l'opinion publique en demandant formellement la mise en accusation du ministère. M. Guizot parcourut cette demande, déposée sur le bureau, et se retira en souriant. Une accusation du ministère était puérile en présence de l'inébranlable majorité qui l'avait toujours soutenu, et l'opposition ajoutait un ridicule à sa défaite. La chambre entama une discussion sur le privilége des banques : pas un mot sur les événements qui préoccupaient les esprits.

Mais au dehors l'agitation croissait d'heure en heure : des barricades s'élevaient rue Saint-Honoré; le peuple pénétra dans quelque boutiques d'armuriers, et on se partagea les armes. Les rassemblements dissipés par les charges de cavalerie se reformaient sur d'autres points, et bientôt le mouvement se répandit dans tout Paris. A l'exception d'un poste de municipaux désarmé au carré Marigny, aucun engagement n'avait eu lieu, et cependant le Peuple comptait déjà de nombreux blessés. Deux femmes avaient été tuées rue Saint-Honoré. Néanmoins la ligne et les dragons étaient partout accueillis par des vivats, et la colère du peuple se portait seulement sur les municipaux dont la sauvage brutalité exaspérait les plus impitoyables amis de l'ordre.

Vers cinq heures, Berger, maire du deuxième arrondissement, fait battre le rappel ; les gardes nationaux s'arment et fraternisent avec la troupe. Le peuple désarma quelques compagnies, mais des cris de vive la réforme ! partis des rangs de la garde nationale, lui firent oublier ses défiances, et la même cordialité accueillit partout la garde nationale et la ligne.

Cependant, Louis-Philippe, qui le matin s'égayait fort en parlant du banquet, perdait peu à peu son assurance. A huit heures, suivi de ses fils, il passa en revue dix mille hommes rassemblés au Carrousel. On dit qu'il offrit le commandement militaire de Paris au maréchal Bugeaud, dont le dévouement s'était traduit sous le ministère Thiers par les massacres de la rue Transnonain : Pouvez-vous me répondre du succès, lui dit-il? — Sire, aurait répliqué le maréchal, tout ce que je puis vous promettre, c'est qu'il y aura vingt mille hommes tués.

CHAPITRE II.

Journée du 23.—Neutralité de la garde nationale.—Progrès de l'insurrection.— Le Peuple crie partout : *Vive la ligne !* il évite une lutte générale.
Séance de la chambre.—Ministère Molé.—Joie de la bourgeoisie.— Pétition du comité électoral démocratique.—Le Peuple veut compléter sa victoire.
Massacre du boulevard des Capucines. — Journée du 24.—Défection de la troupe.—La garde nationale entraînée dans le mouvement.— Concessions tardives du roi.—Ministère Thiers.—Ministère Barrot. —Abdication du roi.—Sa fuite.
Combat du Château-d'Eau.—Prise des Tuileries.—Probité du Peuple.

La nuit fut calme : les patrouilles de garde nationale et de ligne parcoururent les rues et opérèrent de nombreuses arrestations. Le lendemain 23, le ciel était sombre et pluvieux ; cependant, cette journée devait démentir le mot de Pétion : « Il pleut, il n'y aura rien aujourd'hui. » Dès six heures du matin, le rappel fut battu dans toutes les rues. La veille, aux Batignolles, la garde nationale avait fait feu sur des groupes et tué plusieurs citoyens sans armes ; d'ailleurs, le mouvement devenait si évidemment populaire que le gouvernement croyait pouvoir compter sur l'appui de la bourgeoisie ; cependant, les gardes nationaux s'armèrent en petit nombre et restèrent généralement neutres ; la première légion seule se rallia franchement à la cause du pouvoir. Dans d'autres légions, des manifestations eurent lieu en faveur de la réforme : le Peuple y répondait par d'éclatantes démonstrations de joie, et les groupes se dissipaient sur une simple invitation.

La confiance du Peuple rendait si facile aux gardes nationaux le rôle de médiateurs que plusieurs de leurs officiers engageaient la garde municipale à les laisser rétablir l'ordre eux-mêmes ; mais cette neutralité inquiétait vivement le ministère ; des ordres furent expédiés aux troupes établies dans les forts pour renforcer celles qui encombraient déjà Paris.

Le Peuple manquait d'armes. Les boutiques d'armuriers qu'on avait envahies avaient été dégarnies d'avance ; les ouvriers entraient dans les maisons et se faisaient livrer les fusils des gardes nationaux ; mais ils manquaient surtout de cartouches, aussi cherchaient-ils à fatiguer la troupe par des escarmouches et à neutraliser les forces de l'armée en évitant autant que possible le combat.

Les barricades se multipliaient, et des tessons de verre étaient jetés dans les rues pour arrêter la cavalerie. D'ailleurs, la garde nationale et les troupes, excepté la garde municipale, étaient toujours accueillies par le Peuple avec les mêmes témoignages d'affection. Les femmes de la halle, voyant leurs échoppes occupées par les soldats, leur offrirent des provisions sans rien accepter d'eux, et les supplièrent d'épargner leurs maris.

Cependant, la fusillade se fit bientôt entendre de toutes parts. Le foyer de la lutte était entre la rue Saint-Martin et la rue du Temple, dans les rues Transnonain, Beaubourg, du Cloître-Saint-Merry. Le peuple s'empara de plusieurs postes et y mit le feu après avoir désarmé les soldats et les avoir mis en liberté.

Plus d'une fois, l'héroïsme du Peuple arrêta le

combat ; ainsi, rue Saint-Martin, au moment où la troupe s'apprêtait à faire feu sur une barricade, un enfant de quinze ans s'élance en avant, et s'enveloppant dans un drapeau rouge s'écrie : « Tirez si vous l'osez ! » Tous les autres insurgés l'imitent et se présentent sans armes devant les fusils : les soldats reculèrent cette fois devant un assassinat, et on s'embrassa en criant : *Vive la ligne* !

Cependant, la chambre est réunie ; un député, s'adressant aux ministres, leur demande pourquoi on a tant tardé à convoquer la garde nationale. Au milieu du silence de l'assemblée, le président du conseil monte à la tribune. « On comprend, dit-il, que nous ne pouvons répondre à l'interpellation de l'honorable préopinant. Le roi fait appeler M. le comte Molé, et le charge de composer un nouveau ministère. Le roi use de sa prérogative, mais tant que nous serons ministres, nous rétablirons l'ordre public comme nous l'entendrons. »

La nouvelle d'un changement de ministère fut accueillie avec une joie folle par l'opposition, qui n'avait jamais vu dans la politique que des questions de personnes. M. le comte Molé remplaçait M. Guizot, la France était sauvée, évidemment.

La bienheureuse nouvelle se répandit rapidement dans la ville, et partout la bourgeoisie libérale l'accueillit avec le même enthousiasme que ses députés. Les démocrates se montrèrent moins faciles à satisfaire. Le comité électoral démocratique rédigea la pétition suivante :

« Considérant

Que l'application de l'armée à la compression des troubles civils est attentatoire à la dignité d'un Peuple libre et à la moralité de l'armée elle-même ;

Qu'il y a là renversement de l'ordre véritable et négation permanente de la liberté ;

Que le recours à la force seule est un crime contre le droit;

Qu'il est injuste et barbare de forcer des hommes de cœur à choisir entre le devoir du militaire et celui du citoyen ;

Que la garde nationale a été instituée précisément pour garantir le repos de la cité et sauvegarder les libertés de la nation ;

Qu'à elle seule il appartient de distinguer une révolution d'une émeute ;

Les citoyens soussignés demandent que le peuple tout entier soit incorporé dans la garde nationale. Ils demandent que la garde municipale soit dissoute. Ils demandent qu'il soit décidé législativement qu'à l'avenir l'armée ne pourra plus être employée à la compression des troubles civils. »

« En même temps, tandis que les bourgeois illuminaient leurs maisons et leurs boutiques, le Peuple continuait à former dans les rues des groupes menaçants. On ne criait plus : « A bas Guizot ! » comme le matin ; mais on criait : « A bas le système ! pas de ministère Molé ! » De nouvelles barricades s'élevaient dans le Marais. Des hommes du Peuple disaient, en voyant les lampions s'allumer : « Ils sont bien pressés de se réjouir ; pensent-ils donc que tout est fini ? — Que voulez-vous donc, leur répondait-on ? — Nous voulons la République ! »

Ainsi, tout se préparait pour une lutte nouvelle. Mais cette fois on devait penser que la bourgeoisie renoncerait à la neutralité équivoque qu'elle avait gardée jusque-là et se tournerait décidément contre le Peuple : un événement imprévu la jeta violemment dans une voie tout opposée.

Vers dix heures du soir, une longue colonne d'ouvriers s'avançait sur les boulevards à la lueur des torches et précédée d'un drapeau rouge. Arrivée devant le ministère des affaires étrangères, la foule sans armes, chantant la *Marseillaise* et répétant les cris poussés dans la journée, vit tout à coup se ranger devant elle deux compagnies de ligne; puis, sans sommation, sans avertissements, les fusils s'abaissent, et un feu de pelotons à bout portant est dirigé contre cette masse compacte et désarmée. Cinquante-deux personnes tombent mortes ou blessées : toute la foule se rue pêle-mêle dans tous les sens, en poussant un cri d'horreur et d'épouvante, puis on relève les blessés et les morts, on les entasse dans un tombereau qu'on traîne à travers la ville en criant : Vengeance !

La nouvelle de cet assassinat se répand bientôt jusque dans les quartiers les plus éloignés ; partout on crie : Aux armes ! Le tocsin sonne dans plusieurs églises, et les barricades s'élèvent à la lueur des torches ; comme on avait répandu le bruit qu'il y avait des gardes nationaux parmi les morts du boulevard des Capucines, on pouvait compter, sinon sur le concours actif et dévoué de la bourgeoisie, au moins sur sa neutralité malgré le caractère décidément républicain de l'insurrection. D'ailleurs une grande hésitation se manifestait dans la ligne, qui commençait à se reprocher le rôle odieux qu'on lui faisait jouer ; dès la matinée du 24 des défections partielles eurent lieu ; plusieurs compagnies livrèrent leurs armes au Peuple. A ce moment l'insurrection était générale, partout le combat s'engageait sur les barricades où flottait le drapeau rouge.

Cependant, le roi, après avoir vainement attendu M. Molé, fit appeler M. Thiers pour le charger de former un nouveau ministère.

M. Thiers lui demanda la permission de s'adjoindre M. Barrot, ce qu'il eut beaucoup de peine à obtenir, tant le roi se faisait illusion sur la portée de l'insurrection. Une proclamation annonçant cette combinaison nouvelle fut affichée dans tout Paris et arrachée aussitôt par le Peuple.

Le citoyen Sobrier, chef de la barricade Mazagran, répondit à un officier de la garde nationale qui la lui portait :

— Il est trop tard ! vive la République !

M. Thiers revient et demande la révocation du maréchal Bugeaud, qui est accordée : le commandement de l'armée est confié au général Lamoricière, qui parcourt à cheval les rues de Paris avec Odilon Barrot et Horace Vernet, et essaie en vain de persuader au Peuple de mettre bas les armes; partout on leur répond : « Nous avons assez des endormeurs. » Et le combat recommence.

Le roi, d'après le conseil de M. Crémieux, se décida alors à élever Odilon Barrot à la présidence du conseil. Mais quelque temps après, Emile de Girardin lui fait part de l'état de Paris et l'invite à abdiquer en faveur de son fils. Le roi demeure atterré : il avait passé en revue, le matin, les troupes qui encombraient le Carrousel, il croyait pouvoir compter sur une longue résistance de leur part. Le duc de Montpensier se joint à Emile de Girardin, et le roi signe l'acte d'abdication. Crémieux demande que la régence soit confiée à la duchesse d'Orléans : le roi s'écrie qu'il ne peut violer la loi qui l'attribue au duc de Nemours. Cependant, une proclamation est imprimée par les soins d'Emile de Girardin et affichée dans Paris; elle contenait ces mots :

« Abdication du roi, régence de la duchesse
« d'Orléans, dissolution de la chambre, amnistie
« générale. »

Cette proclamation eut le sort des précédentes, elle fut immédiatement lacérée. Le roi donna l'ordre de départ. Il sortit avec la reine et le duc de Montpensier par le jardin des Tuileries, pendant que la duchesse d'Orléans et ses deux enfants se dirigeaient vers la chambre avec le duc de Nemours. Le roi et sa famille montèrent dans deux petites voitures qui les conduisirent à Saint-Cloud. La jeune duchesse de Montpensier, pour laquelle, quelques mois auparavant, on avait compromis la paix de la France, avait été oubliée.

La place du Palais-Royal était en ce moment le théâtre de la dernière péripétie de la lutte : deux compagnies de ligne occupaient le poste formant l'aile gauche du Château-d'Eau. Cet édifice, soigneusement fortifié, s'ouvrait par des fenêtres munies d'un double rang de barreaux et fermées de volets de chêne massif où étaient pratiquées des meurtrières; la porte, revêtue de lames de fer, ne pouvait être enfoncée que par du canon : c'est de là que la troupe tirait sur le Peuple posté en face dans la cour du Palais-Royal, et dont les décharges ne frappaient que la pierre. Pour terminer cette lutte inégale, plusieurs citoyens s'élancèrent vers le poste pour essayer de le prendre d'assaut; mais ils tombèrent sous les balles de la troupe. Enfin, on pénétra dans les écuries du roi. On roula les voitures jusque sous les fenêtres du poste et on y mit le feu : l'incendie se communiqua au poste, la plupart des soldats s'échappèrent par une porte latérale.

Ce fut le combat le plus meurtrier de la journée; le Peuple se dirigea ensuite vers les Tuileries qu'il trouva abandonnées. Le duc de Nemours, apprenant l'état de Paris, avait donné aux troupes qui stationnaient au Carrousel l'ordre de la retraite. Les appartements royaux furent envahis par le Peuple; mais les objets d'art, les vases, les tableaux, les glaces, les tapis furent respectés : on brisa seulement les effigies de Louis-Philippe, et on enleva le trône pour le porter devant la colonne de Juillet où il fut solennellement brûlé. Les bijoux de la famille royale, la vaisselle d'or et d'argent, toutes les valeurs trouvées aux Tuileries, furent mises en sûreté sous la garde du Peuple ; des hommes en blouse firent sentinelle aux portes, et ceux qui avaient essayé d'emporter quelque objet précieux furent immédiatement fusillés.

Au Palais-Royal on a eu à déplorer la destruction de quelques objets d'art, mais, là encore, pas un des combattants ne songea au pillage. Comme en 1830, comme plus tard en Juin, le Peuple montra, par son respect pour la propriété, qu'il comprenait la sainteté de sa cause.

CHAPITRE III.

Efforts suprêmes de la royauté.—La duchesse d'Orléans à la chambre.—Dupin parle en faveur de la régence. — Marie et Crémieux demandent un gouvernement provisoire. — Discours d'Odilon Barrot.—Impuissance de l'opposition.
Envahissement de la chambre. — Discours de Ledru-Rollin contre la régence. — Discours de Lamartine.—Essai de formation d'un gouvernement provisoire.

Cependant, à la chambre des députés, la royauté tentait un suprême effort pour se soustraire à l'arrêt de la justice populaire. La duchesse d'Orléans, accompagnée du duc de Nemours, venait d'entrer avec ses deux enfants dans l'enceinte de la chambre. M. Dupin monte à la tribune.

« Messieurs, dit-il, vous connaissez la situation de la capitale, les manifestations qui ont eu lieu. Elles ont eu pour résultat l'abdication de S. M. Louis-Philippe, qui a déclaré en même temps qu'il déposait le pouvoir et qu'il le laissait à la libre transmission sur la tête du comte de Paris, avec la régence de madame la duchesse d'Orléans. »

Les députés du centre répondent à ces paroles par les cris de : « Vive la régence ! vive le comte de Paris ! »

« Messieurs, continue M. Dupin, vos acclamations, si précieuses pour le nouveau roi et pour madame la régente, ne sont pas les premières qui l'auront saluée ; elle a traversé à pied les Tuileries et la place de la Concorde, escortée par le Peuple, par la garde nationale. Je demande que la chambre fasse inscrire au procès-verbal les acclamations qui ont accompagné ici et salué dans cette enceinte le comte de Paris comme roi des Français et madame la duchesse d'Orléans comme régente, sous la garantie du vœu national. »

Une vive opposition se manifeste sur les bancs de l'extrême gauche ; de nombreux gardes nationaux, entrés dans la salle avec la duchesse, se rangent autour d'elle; la duchesse salue l'assemblée et s'assied entre ses deux fils.

« Messieurs, dit le président Sauzet, il me semble que la chambre, par ses acclamations unanimes... »

Ces paroles sont interrompues par de vives et bruyantes protestations. Marie et Lamartine cherchent en vain à se faire entendre. On invite la duchesse à se retirer pour que la chambre puisse délibérer. Elle se lève en effet, monte les degrés de la salle, puis s'arrête sur les derniers bancs du centre gauche. Le duc de Nemours va l'y rejoindre.

M. Odilon Barrot paraît dans la salle; un grand nombre de voix l'appellent à la tribune, mais la tribune est occupée par M. Marie, qui prend la parole.

« Messieurs, dans la situation où se trouve Paris, vous n'avez pas un moment à perdre pour prendre des mesures qui puissent avoir autorité sur la population. Depuis ce matin le mal a fait d'immenses progrès, et vous ne savez pas jusqu'où le désordre peut aller. Quel parti prendre?

On vient de proclamer la régence de madame la duchesse d'Orléans. Vous avez une loi qui a nommé M. le duc de Nemours régent. Vous ne pouvez pas faire aujourd'hui une régence; il faut que vous obéissiez à la loi. Cependant, il faut aviser ; il faut à la tête de la capitale, comme de tout le royaume, d'abord, un gouvernement imposant. Je demande qu'un gouvernement provisoire soit institué. »

Des bravos nombreux, partis des tribunes, accueillent ces paroles. M. Crémieux appuie la proposition.

« En 1830, dit-il, nous nous sommes trop hâtés, et nous voici obligés, en 1848, de recommencer. Croyez-nous un peu, nous vous en supplions, ne laissons pas à nos fils le soin de renouveler cette révolution. Je demande l'institution d'un gouvernement provisoire composé de cinq membres. »

« Vous ne pouvez faire, dit M. de Genoude, ni un gouvernement provisoire ni une régence; il faut que le peuple soit consulté. C'est comme en 1830, vous ne l'avez pas appelé, voyez ce qui vous arrive. »

L'agitation augmente à chaque instant dans la salle, qui se remplit peu à peu de personnes étrangères à la chambre. Enfin M. Odilon Barrot monte à la tribune.

« Jamais, dit-il, nous n'avons eu plus besoin de sang-froid et de prudence. Notre devoir est tout tracé : il a heureusement cette simplicité qui saisit toute une nation ; il s'adresse à ce qu'elle a de plus généreux et de plus intime : à son courage, à son honneur. La couronne de Juillet repose sur la tête d'un enfant et d'une femme. »

A ce moment la duchesse salue l'assemblée ; elle invite le comte de Paris à en faire autant. Puis elle fait signe qu'elle veut parler. — Ecoutez ! disent quelques voix. Continuez, M. Barrot, s'écrie-t-on.

« C'est au nom des nécessités de l'ordre surtout, reprend M. Odilon Barrot, que je demande à mon pays de se rallier autour de ses représentants de la révolution de Juillet. Plus il y a de grandeur et de générosité à relever ainsi la pureté et l'innocence, plus mon pays s'y dévouera avec courage. Pour moi, je serai heureux de consacrer mon existence, tout ce que j'ai de facultés dans ce monde à faire triompher cette cause. »

Ainsi, cet homme, qui avait été depuis 1830 le chef de l'opposition, devenait le dernier défenseur de la royauté de Juillet : faut-il voir là un dévouement chevaleresque? Hélas! l'explication de cet héroïsme était malheureusement fort simple. L'opposition dynastique courait depuis dix-huit ans après le pouvoir : le fantôme d'un ministère lui apparut un instant pour s'évanouir dans ses bras. Des rumeurs se firent entendre.

« Est-ce que par hasard, dit M. Barrot, on prétendrait remettre en question ce que nous avons décidé en Juillet? »

Et de quel droit l'avaient-ils décidé? Cette prétention exorbitante, au moment de la victoire du peuple, fut accueillie par des rires ironiques. Ce parti était tombé deux jours auparavant sous le poids du mépris : le ridicule l'achevait.

M. de la Rochejacquelein succède à M. Barrot.

« Il appartient peut-être, dit-il, à ceux qui

dans le passé ont toujours servi les rois de parler maintenant de la cause du Peuple. Aujourd'hui, Messieurs, vous n'êtes rien ici, vous n'êtes plus rien. »

De violentes interpellations partent du centre, mais à ce moment un grand tumulte se fait entendre dans les couloirs, une foule d'hommes armés pénètre dans la salle. Les cris : *La déchéance du roi! nous voulons la déchéance!* sont poussés par ceux qui paraissent marcher à la tête de cette foule. Les députés du centre quittent leurs bancs, et le peuple y prend place. La duchesse et ses enfants, le duc de Nemours quittent la salle précipitamment ; des hommes du peuple et des gardes nationaux les aident à traverser la foule et les conduisent dans le jardin de la présidence.

Cependant, Ledru-Rollin et Lamartine montent en même temps à la tribune ; des clameurs confuses partent de la foule : *Plus de Bourbons! Un gouvernement provisoire! Vive la République!* Ledru-Rollin finit par se faire entendre.

« Au nom du Peuple, partout en armes,

maître de Paris, quoi qu'on fasse (oui! oui!) je viens protester contre l'espèce de gouvernement qu'on est venu proposer à cette tribune.

« En 1842, lors de la discussion de la loi de régence, seul ici j'ai déclaré qu'elle ne pouvait être faite sans un appel au pays. La Constitution de 1791, qui plane encore sur le pays, a déclaré que la Constituante elle-même n'avait pas le droit de faire une loi de régence ; qu'il fallait la convocation du pays. Ainsi pas de régence possible.

« — Non, non, s'écrie le Peuple, nous n'en voulons pas.

« —Pas de régence possible, reprend Ledru-Rollin, ainsi qu'on vient d'essayer de l'implanter d'une façon véritablement singulière et usurpatrice. Au nom du droit que, dans les révolutions mêmes, il faut savoir respecter, je proteste contre cette usurpation. Vous parlez de l'ordre, de l'effusion du sang. Ah! l'effusion du sang nous touche, car nous l'avons vu de près.

« — Oui, crie-t-on dans la foule, trois mille hommes sont morts!

« — Eh bien! dit Ledru-Rollin, l'effusion du sang ne peut cesser que quand les principes et les droits seront satisfaits, et ceux qui viennent de se battre se battront encore ce soir si on méconnait leurs droits. Je demande donc un gouvernement provisoire, non pas nommé par la chambre, mais par le Peuple, et un appel immédiat à une Convention, qui régularise les droits du Peuple. »

Ces paroles, prononcées avec l'accent d'une conviction profonde, sont couvertes d'applaudissements par le Peuple. Mais un autre orateur, Lamartine, allait entraîner la bourgeoisie elle-même, représentée par des gardes nationaux et des étudiants, qui se trouvaient en grand nombre dans la salle. De nombreux applaudissements l'accueillent dès qu'il monte à la tribune.

« Messieurs, dit-il, je partage aussi profondément que qui que ce soit parmi vous le double sentiment qui a agité tout à l'heure cette enceinte, en voyant un des spectacles les plus touchants que puissent présenter les annales humaines, celui d'une princesse auguste se défendant avec son fils innocent et venant se jeter, du milieu d'un palais désert, au milieu de la représentation du Peuple. Mais je ne partage pas moins vivement le respect pour ce Peuple glorieux qui combat depuis trois jours pour renverser un gouvernement perfide et pour rétablir, sur une base désormais inébranlable, l'empire de l'ordre et de la liberté. Messieurs, je ne me fais pas l'illusion qu'on se faisait tout à l'heure à cette tribune ; je ne me figure pas qu'une acclamation spontanée, arrachée à une émotion et à un sentiment public, puisse constituer un droit solide et inébranlable pour un gouvernement de trente-cinq millions d'hommes. C'est pour cela que viens appuyer de toutes mes forces la demande d'un gouvernement de nécessité, d'ordre public, de circonstance ; d'un gouvernement qui arrête la guerre civile ; d'un gouvernement qui suspende ce malentendu terrible qui existe entre les différentes classes des citoyens. Je demande donc, du droit de la paix publique, du droit du sang qui coule, du droit du Peuple qui doit être affamé du glorieux travail qu'il accomplit depuis trois jours, je demande qu'on constitue un gouvernement provisoire qui ne préjuge rien, ni de nos droits, ni de nos ressentiments, ni de nos sympathies, ni de nos colères sur le gouvernement définitif qu'il plaira au pays de se donner, quand il aura été consulté. »

De toutes parts on crie : *Les noms ! les noms du gouvernement provisoire !*

On présente des listes à Lamartine ; mais le tumulte du dehors redouble ; des coups violents de crosses de fusil retentissent aux portes d'une tribune publique, qui cèdent bientôt. Un flot de Peuple y pénètre en criant : *A bas la chambre ! pas de députés !*

Un canon de fusil s'abaisse dans la direction de la tribune ; il était dirigé contre Lamartine, qu'on prenait de loin pour Guizot. Le président Sauzet, épouvanté, quitte le fauteuil et s'enfuit. Des voix nombreuses s'écrient : *Un autre président ! Dupont (de l'Eure) ! Dupont (de l'Eure) !*

Aussitôt Dupont (de l'Eure) monte au fauteuil soutenu par Carnot. Lamartine est toujours à la tribune ; il annonce, au milieu d'un effroyable tumulte, qu'il va lire les noms des membres proposés du gouvernement provisoire. Enfin Dupont (de l'Eure) cherche à faire entendre quelques noms: Arago, Lamartine, Dupont (de l'Eure), Crémieux...

— Il faut qu'on sache, crie un homme du Peuple, que le Peuple ne veut pas de la royauté. La République ! — Délibérons immédiatement, disent d'autres voix. Assis ! assis ! prenons la place des vendus, des ventrus, des corrompus.

Le Peuple prend place sur les bancs restés vides.

— Plus de Bourbons ! s'écrie-t-on ; un gouvernement provisoire, et ensuite la République ! — A bas les Bourbons, dit un homme du Peuple, les cadets comme les aînés. — De jolis cadets ! répond un autre. — Ils ne l'auront pas volé, s'écrie M. de Larochejaquelein; c'est un prêté rendu. Enfin Ledru-Rollin parvient à lire les noms suivants :

Dupont (de l'Eure), Arago, Lamartine, Ledru-Rollin, Garnier-Pagès, Marie, Crémieux...

Chaque nom est accueilli par des acclamations ou par des protestations violentes. Quant à un vote, il n'y en eut pas et il ne pouvait y en avoir. Quelques autres noms furent proposés par des hommes du Peuple, entre autres celui de Louis Blanc.

Presque tous les députés étaient sortis; le tumulte était au comble; de tous cotés on crie: à l'Hôtel-de-ville! vive la République!

Un ouvrier, montant sur le bureau, s'écrie: — A bas Louis-Philippe! A bas le tableau qui représente le serment du parjure! En même temps un coup de fusil atteint le tableau.

Un autre ouvrier s'élance à la tribune : Pourquoi détruire? s'écrie-t-il. Nous avons montré qu'il ne faut pas mal mener le Peuple, montrons que le Peuple sait respecter les monuments et honorer sa victoire!

Enfin la foule commence à diminuer. On se dirige vers l'Hôtel-de-Ville, et bientôt la salle est complétement évacuée.

CHAPITRE IV.

Première proclamation.—Distribution des Ministères.—Le Peuple impose la République au Gouvernement provisoire.
Composition hétérogène de ce gouvernement.—Trois partis hostiles.—La police républicaine.
Création de la garde mobile.—Proscription des emblèmes républicains.—Clémence du Peuple.—Abolition de l'échafaud politique.

Les députés n'avaient pu s'imaginer qu'un gouvernement fût choisi en dehors de la chambre.

Cependant, deux autres gouvernements se formaient en même temps, l'un dans les bureaux du *National*, l'autre dans ceux de la *Réforme*. Ce fut ainsi que trois gouvernements provisoires se rencontrèrent à la fois à l'Hôtel-de-Ville.

Lorsqu'il s'agit de les fondre en un seul, les anciens députés prétendirent avoir une sorte de mandat légal; les journalistes Louis Blanc, Marrast et Flocon, et surtout l'ouvrier Albert, eurent quelque peine à passer et furent relégués sur le second plan en qualité de secrétaires : les noms furent de nouveau présentés à l'acclamation populaire. On proposa quelques noms nouveaux ; celui de Lamoricière fut repoussé, celui d'Odilon Barrot accueilli avec hilarité, celui de Louis Bonaparte avec une profonde indifférence. Le Gouvernement s'installa dans une des salles de l'Hôtel-de-Ville.

Vers cinq heures la proclamation suivante fut affichée dans Paris :

« AU NOM DU PEUPLE SOUVERAIN.

« Citoyens,

« Un gouvernement provisoire vient d'être installé; il est composé, par la volonté du Peuple, des citoyens :

« F. Arago,

« Louis Blanc,

« Marie,

« Lamartine,

« Flocon,

« Ledru-Rollin,

« Recurt,

« Marrast,

« Albert, ouvrier mécanicien.

« Pour veiller à l'exécution des mesures qui seront prises par ce gouvernement, la volonté du Peuple a choisi pour délégués au département de la police les citoyens Caussidière et Sobrier.

« La même volonté souveraine du Peuple a désigné le citoyen Et. Arago à la direction générale des postes.

« Comme première exécution des ordres donnés par le gouvernement provisoire, il est ordonné à tous les boulangers et fournisseurs de vivres de tenir leurs magasins ouverts à tous ceux qui en auraient besoin.

« Il est expressément recommandé au Peuple de ne point quitter ses armes, ses positions ni son attitude révolutionnaire. Il a été trop souvent trompé par la trahison; il importe de ne plus laisser de possibilité à d'aussi terribles et d'aussi criminels attentats.

« Pour satisfaire au vœu général du Peuple souverain, le Gouvernement provisoire a décidé et effectué, avec l'aide de la garde nationale, la mise en liberté de tous nos frères détenus politiques. Mais en même temps il a conservé dans les prisons, avec l'assistance on ne peut plus honorable de la garde nationale, les détenus constitués en prison pour crimes ou délits contre les personnes et les propriétés.

« Les familles des citoyens morts ou blessés pour la défense des droits du Peuple souverain sont invitées à faire parvenir aussitôt que possible aux délégués au département de la police les noms des victimes de leur dévouement à la chose publique, afin qu'il soit pourvu aux besoins les plus pressants.

« Fait à Paris, en l'hôtel de la préfecture de police, le 24 février 1848.

« Les délégués au département de la police,

« CAUSSIDIÈRE et SOBRIER. »

Comme on le voit, cette proclamation ne contenait pas, parmi les noms des membres du Gouvernement provisoire, ceux de Garnier-Pagès, de Crémieux, ni de Dupont (de l'Eure). Elle partait de la préfecture de police à peu près à la même heure où le gouvernement se constituait à l'Hôtel-de-Ville. Cette proclamation ne fut pas insérée au *Moniteur*. Sans doute le conseil donné au Peuple de garder ses armes parut trop révolutionnaire à la partie bourgeoise du Gouvernement provisoire.

La présence du Peuple en armes à l'Hôtel-de-Ville était, pour la majorité de ce gouvernement, un grand embarras. Ce Peuple voulait énergiquement la République, et, instruit par le souvenir de 1830, il craignait une trahison. Le Gouvernement provisoire montra dans cette circonstance un esprit de résistance remarquable. Il déclara, il est vrai, dans une proclamation faite à dix heures du soir, qu'il voulait la forme républicaine, mais en ajoutant: « sauf ratification du Peuple convoqué en assemblées primaires. » Voici le texte de cette proclamation, qui fut insérée le lendemain dans le *Moniteur*.

« AU NOM DU PEUPLE FRANÇAIS !

« *Proclamation du Gouvernement provisoire au Peuple Français.*

« Citoyens,

« Un gouvernement rétrograde et oligarchique vient d'être renversé par l'héroïsme du Peuple de Paris. Ce gouvernement s'est enfui en laissant derrière lui une trace de sang qui lui défend de jamais revenir sur ses pas.

« Le sang du Peuple a coulé comme en Juillet ; mais cette fois ce généreux sang ne sera pas trompé. Il a conquis un gouvernement national et populaire en rapport avec les droits, les progrès et la volonté de ce grand et généreux Peuple.

« Un gouvernement provisoire, sorti d'acclamation et d'urgence par la voix du Peuple et des députés des départements, dans la séance du 24 février, est investi momentanément du soin d'assurer d'organiser la victoire nationale, il est composé de :

MM. Dupont (de l'Eure),
  Lamartine,

Crémieux,
Arago (de l'Institut),
Ledru-Rollin,
Garnier-Pagès,
Marie,

« Ce gouvernement a pour secrétaires :

MM. Armand Marrast,
Louis Blanc,
Ferdinand Flocon,
et Albert.

« Ces citoyens n'ont pas hésité un instant à accepter la mission toute patriotique qui leur était imposée par l'urgence. Quand la capitale de la France est en feu, le mandat du Gouvernement provisoire est dans le salut public. La France entière le comprendra et lui prêtera le concours de son patriotisme. Sous le Gouvernement populaire que proclame le Gouvernement provisoire, tout citoyen est magistrat.

« Français, donnez au monde l'exemple que Paris a donné à la France; préparez-vous par l'ordre et la confiance en vous-mêmes aux institutions fortes que vous allez être appelés à vous donner.

« Le Gouvernement provisoire veut la *République*, sauf ratification par le peuple qui sera immédiatement consulté.

« L'unité de la nation, formée de toutes les classes de citoyens qui la composent; le gouvernement de la nation par elle-même; la liberté, l'égalité et la fraternité pour principe; le Peuple pour devise et mot d'ordre, voilà le gouvernement démocratique que la France se doit à elle-même et que nos efforts sauront lui assurer.

« Dupont (de l'Eure), Lamartine, Crémieux, Ledru-Rollin, Garnier-Pagès, Marie, Arago, *membres du Gouvernement provisoire.*

« Armand Marrast, Louis Blanc, *secrétaires.* »

On remarque que dans cette proclamation le Gouvernement provisoire est formé exclusivement d'anciens députés qui appuient leur nomination sur un vote de la chambre, vote qui n'avait pas eu lieu. Dans la répartition des ministères qui se fit dans la même soirée, les secrétaires furent exclus. Dupont de l'Eure prit la présidence du conseil sans portefeuille ; Lamartine les affaires étrangères, Crémieux la justice, Ledru-Rollin l'intérieur, Arago la marine, Marie les travaux publics.

Les autres ministères furent donnés à des députés appartenant à la fraction semi-libérale de la bourgeoisie, savoir : le commerce à Bethmont, l'instruction publique à Carnot, les finances à Goudchaux, et bientôt après à Garnier-Pagès, et la guerre successivement au géral Bedeau, au général Subervie et à François Arago. On nomma au gouvernement de l'Algérie le général Cavaignac, connu seulement alors par le souvenir de son frère, et dont le nom acquit depuis une effrayante et sinistre célébrité.

Le lendemain à midi, la République n'était pas encore proclamée. Le Peuple voyait avec inquiétude que ses mandataires d'un jour, tout en se partageant le pouvoir, ne songeaient qu'à éluder ses ordres. Lamartine se chargea de la tâche difficile d'endormir le Peuple. Il soutint que les combattants des barricades n'avaient pas le droit d'exiger la proclamation de la République, qu'il leur fallait attendre la décision de la France tout entière, et recevoir le gouvernement qui émanerait de cette décision.

Ce sophisme, dégagé des fleurs oratoires qui le voilaient, se réduisait à ceci : la majorité a droit d'imposer l'esclavage à la minorité, — pourquoi pas la mort ? Il est de droit naturel que nul ne peut aliéner sa propre liberté, encore moins celle des autres. Le Peuple ne se laissa pas tromper par les paroles de Lamartine. Il sentait parfaitement que si, parmi ceux qui n'avaient pas fait la révolution, il en était qui ne voulussent pas accepter la liberté, ils devaient venir s'expliquer sur les barricades. Un peuple n'a qu'un jour pour réclamer ses droits : c'est le jour qui suit la victoire; attendre au lendemain, c'est consacrer par sa faiblesse l'éternelle usurpation de la ruse et de la violence.

L'insistance du Peuple prenait à chaque heure de retard un caractère plus menaçant; les barricades n'étaient pas encore détruites, et on parlait déjà de reprendre les positions de la veille.

Ce fut Raspail qui sauva la France d'une guerre civile. Il se rendit sur la place de l'Hôtel-de-Ville, et demanda la cause de l'agitation du Peuple :

« Nous avons mis là des hommes pour proclamer la République, lui répondit-on, et ils se font bien attendre ; heureusement il est encore temps de défaire ce que nous avons fait. »

Raspail se dirige vers la porte de l'Hôtel-de-Ville suivi par une foule tumultueuse ; on veut lui barrer le passage : « Le Peuple est ici chez lui, » s'écrie-t-il. La foule remplit les escaliers et les cours. Raspail entre seul dans la salle où se tenaient les membres du Gouvernement provisoire : « Citoyens, leur dit-il, le Peuple vous ordonne de proclamer la République ; si dans deux heures vous n'avez pas obéi, je reviendrai avec deux cent mille hommes. » Avant le délai fixé, le Gouvernement fit afficher dans Paris une proclamation en tête de laquelle étaient les mots :

RÉPUBLIQUE FRANÇAISE.

Liberté, Égalité, Fraternité.

Le Peuple se retira satisfait ; il pouvait démolir ses barricades, car il croyait avoir accompli sa Révolution; il n'avait fait qu'en donner le signal; la lutte allait recommencer au sein même du Gouvernement.

Ce Gouvernement, auquel étaient confiées les destinées de la Révolution, contenait trois éléments hétérogènes. Tous les anciens députés qui en faisaient partie, à l'exception de Ledru-Rollin, représentaient la bourgeoisie : ils formaient la majorité; les uns songeaient encore à la régence, les autres acceptaient ou subissaient la Révolution, sauf à en entraver le développement. Ce parti, auquel s'adjoignit Armand Marrast, ancien rédacteur en chef du *National*, devint le parti de la réaction.

Le parti démocratique était représenté par Ledru-Rollin et Flocon, rédacteur de la *Réforme*. Sans apercevoir encore la portée de la Révolution qui venait de s'accomplir, ce parti comprit que pour lui donner un sens, il fallait renouer la chaîne des traditions, et reprendre l'œuvre de 93 à la veille du 9 thermidor. En dehors de l'Hôtel-de-Ville, ce parti eut pour auxiliaires deux chefs de barricades, Caussidière et Sobrier, portés par le Peuple à la préfecture de police.

Enfin Louis Blanc et Albert composaient l'élément socialiste du Gouvernement provisoire. Suivant eux, la Révolution de Février n'était que le prélude d'une transformation intégrale de la société, transformation qui devait s'ouvrir par l'abolition de la dernière des formes de l'esclavage, le prolétariat.

Le parti populaire occupait les deux postes les plus importants en temps de Révolution, le ministère de l'intérieur et la préfecture de police. Le parti bourgeois essaya d'annuler cette dernière position en la déclarant sous la dépendance de la mairie de Paris, qui fut rétablie à cet effet au profit de Garnier-Pagès. Les deux délégués du Peuple ne tinrent aucun compte de cette déclaration, et leur énergie déjoua toutes les menées dirigées contre eux.

Au bout de quelques jours, ils se séparèrent d'un commun accord pour étendre leurs moyens d'action : Sobrier organisa une sorte de police secrète dont le but principal était la propagande démocratique; Caussidière, auquel on finit par reconnaître le titre de préfet de police, conserva seul une position officielle, et résolut le problème le plus difficile de la politique révolutionnaire : il maintint l'ordre sans porter atteinte à la liberté. Il fut merveilleusement secondé dans cette tâche par l'abnégation et le zèle infatigable du Peuple des barricades et surtout des Montagnards et autres sectionnaires des sociétés secrètes, qu'il cherchait à organiser en une garde révolutionnaire. Des hommes en haillons veillaient autour des maisons des riches et faisaient partout respecter la sûreté individuelle et la propriété. Jamais les crimes et les délits ne furent plus rares que sous cette police populaire dont les bienfaits s'étendirent sur la banlieue; des bandes de malfaiteurs, qui cherchaient à organiser le pillage dans les environs de Paris et dont la troupe et la garde nationale n'avaient pu se rendre maîtresses, furent réduites par une poignée de Montagnards.

Cependant, ce calme héroïque du Peuple ne suffit pas pour rassurer le Gouvernement provisoire. Il confia le maintien de la sûreté de Paris, non-seulement à la garde nationale, mais encore à l'armée. Lamartine organisa vingt-quatre bataillons de la garde nationale mobile. On les recruta presque exclusivement parmi des enfants de quinze à vingt ans, faciles, en raison de leur âge, à diriger suivant les vues du pouvoir, auquel une solde de 1 fr. 50 c. par jour les attacha nécessairement. Les officiers furent les uns tirés de l'armée, les autres choisis par l'élection : ainsi, tous les grades furent occupés par des jeunes gens appartenant aux riches familles de la bourgeoisie, ou par des militaires qui apportaient dans la nouvelle garde l'esprit rétrograde de l'armée. C'étaient donc vingt-quatre mille hommes enlevés à la cause populaire. Quand le Peuple voyait passer cette jeune garde, dans laquelle il reconnaissait plusieurs enfants des barricades, il la saluait de ses cordiales acclamations. Pauvre Peuple !

Cependant, ceux contre lesquels on prenait tant de précautions le lendemain de leur victoire, se montraient sublimes de pardon, de clémence et d'oubli. Le Peuple embrassa tous ses ennemis dans une amnistie universelle. Quelques rares éloges donnés aux combattants de Février étaient noyés dans un déluge de proclamations à la garde nationale, à l'école polytechnique, à l'armée elle-même; le régiment de ligne dont quelques compagnies avaient rendu leurs armes au Peuple fut proclamé le premier régiment de la République. (Plus tard, après l'insurrection de juin, pour un fait analogue, des soldats et officiers furent dégradés par le général Lamoricière.)

Le Peuple consentit à partager, avec ses ennemis mêmes, l'honneur de sa victoire : il voulait qu'il n'y eût ni vainqueurs ni vaincus. Aucune décoration ne fut donnée, de peur d'humilier l'armée ; le Peuple ne voulut garder qu'un seul signe de la Révolution qu'il avait faite, son vieil ami le drapeau rouge que depuis 1830 il avait planté sur toutes ses barricades. Cette fois encore Lamartine opposa sa parole sonore à cette pieuse consécration d'un souvenir. Il rappela que le drapeau tricolore avait fait le tour de l'Europe avec nos libertés et nos gloires, tandis que le drapeau rouge n'avait fait que le tour du Champ-de-Mars, traîné dans le sang, quand Bailly et Lafayette massacrèrent le Peuple sans armes.

Hélas ! le drapeau tricolore, souillé par quinze

ans de despotisme sous l'Empire, par dix-huit ans de honte sous la dynastie de juillet, n'était plus le drapeau de 93 ; lui aussi avait été traîné dans le sang du Peuple, lors des massacres de Lyon, de la rue Transnonain, du cloître Saint-Merry.

Le peuple savait bien, et Lamartine aussi, qu'à une société nouvelle il faut un drapeau nouveau. On trancha la question par un misérable subterfuge. On conserva le drapeau tricolore, mais on changea l'ordre des couleurs, puis, quelques jours après, on le rétablit tel qu'il était avant la Révolution.

Ces souvenirs de 93, qu'on invoquait en faveur du drapeau tricolore, on semblait s'efforcer de les faire oublier : ainsi on proscrivait le bonnet phrygien, symbole glorieux et sacré qui, certes, représentait aussi nos libertés et nos gloires. Heureusement, on conserva la devise : Liberté, Égalité, Fraternité ; on l'inscrivit sur tous les monuments publics, même sur les prisons : il est vrai qu'à ce moment les prisons étaient vides ; quatre mois après, les vainqueurs de Février y étaient entassés, et, par une dérision amère, leur inscription subsistait toujours.

En proscrivant les souvenirs de 93, le gouvernement cédait peut-être à une préoccupation qui, si elle eût été moins exclusive, eût pu faciliter l'établissement de la République. Il voulait faire accepter par la bourgeoisie une révolution accomplie par le Peuple. Sans doute les résistances des privilégiés n'auraient pas empêché, à ce moment, l'avénement de la démocratie, mais elles l'auraient rendu plus difficile. Ceux qui avaient profité des longues injustices de la monarchie pouvaient craindre qu'on leur demandât compte de leur complicité. La clémence du Peuple dissipa ces craintes et permit au Gouvernement provisoire de réaliser ce rêve de Robespierre, l'abolition de l'échafaud politique. Voici comment fut formulée cette grande pensée d'amnistie populaire :

« Le Gouvernement provisoire, convaincu que la grandeur d'âme est la suprême politique, et que chaque révolution opérée par le Peuple français doit au monde la consécration d'une vérité philosophique de plus ;

« Considérant qu'il n'y a pas de plus sublime principe que l'inviolabilité de la vie humaine ;

« Considérant que, dans les mémorables journées où nous sommes, le Gouvernement provisoire a constaté avec orgueil que pas un cri de vengeance ou de mort n'est sorti de la bouche du Peuple ;

« Déclare :

« Que, dans sa pensée, la peine de mort est abolie en matière politique, et qu'il présentera ce vœu à la ratification de l'Assemblée nationale.

« Le Gouvernement provisoire a une si ferme conviction de la vérité qu'il proclame, au nom du Peuple français, que si les hommes coupables qui viennent de faire couler le sang de la France étaient dans les mains du Peuple, il y aurait, à ses yeux, un châtiment plus exemplaire à les dégrader qu'à les frapper. »

On simula pour la forme une instruction contre les ministres déchus, et on publia une proclamation de poursuites contre eux lorsqu'on fut bien assuré de leur évasion, à laquelle on avait mis aucun obstacle. Cette clémence du peuple assurait l'impunité à tous ceux qui avaient trempé dans les crimes et dans les turpitudes de la monarchie.

Quatre mois après, les vaincus de Février reconnurent cette amnistie par l'assassinat de trois mille prisonniers.

CHAPITRE V.

La curée des places.—Inquiétude du Peuple.—Proclamation socialiste dictée au Gouvernement provisoire. — La question sociale posée par le Peuple à l'Hôtel-de-Ville.—Création de la commission du Luxembourg.—Ses services, son premier décret.
Manœuvres du Gouvernement contre les journaux. — Développement de la presse républicaine.—Ouverture des clubs.—Initiation du Peuple à la vie démocratique.

La monarchie avait eu pour principal appui les intérêts coalisés de ses innombrables fonctionnaires. La conscience publique exigeait une réforme complète de l'administration; il fallait surtout détruire l'odieux abus du cumul et des sinécures, et révoquer de leurs emplois ceux que la faveur et la corruption y avaient appelés. On se contenta de prononcer quelques destitutions inévitables. En même temps, quelques-uns des membres du Gouvernement provisoire s'occupèrent de bien placer leurs amis.

On reprocha à M. Crémieux, ministre de la justice, la préférence marquée qu'il montra pour ses coréligionnaires. On se plaignit aussi du grand nombre d'emplois confiés aux anciens rédacteurs du *National*. Ce journal était l'organe des opinions de la bourgeoisie libérale, et le Peuple craignait que la révolution qu'il avait faite ne fût accaparée et exploitée par une faction.

L'Hôtel-de-Ville et les ministères étaient encombrés de solliciteurs; les plus implacables serviteurs de la monarchie remplissaient les colonnes du *Moniteur* du scandale de leurs adhésions à la République. Cependant les détenus politiques récemment mis en liberté par le Peuple se tenaient éloignés de cette curée de places. Au lieu de s'entourer de ces hommes énergiques qui, comme réparation de leur long martyre, auraient accepté avec joie le droit de se dévouer à l'organisation de la République, le gouvernement les laissa dans l'ombre et dans l'oubli. Quelques-uns reçurent seulement des gouvernemens de châ teaux et de parcs, et autres sinécures destinées à annuler leur influence.

Cependant le Peuple commençait à se demander quel serait pour lui le résultat de la Révolution qu'il avait faite. Bien des réformes étaient indispensables, des citoyens isolés en avaient indiqué quelques-unes ; ainsi on voyait sur les murs de Paris l'affiche suivante avec la signature de Sobrier.

« PROGRAMME DU PEUPLE FRANÇAIS.

« *Liberté, Egalité, Fraternité.*

« Solidarité des Peuples.
« Aimons-nous comme des frères. »

« 1° Droit au travail. Obligation pour le pouvoir public de fournir du travail, et au besoin un minimum à tous les membres de la société que l'industrie privée n'occupe pas.

« 2° Invalides de l'industrie.

« 3° Despotisme à jamais désarmé par la transformation de l'armée en régimens industriels propres à la fois à la défense du territoire et à l'exécution des grands travaux de la République.

« 4° Education publique, égale, gratuite, obligatoire pour tous.

« 5° Les caisses d'épargne, capital mort, seront vivifiées par le travail : le Peuple, qui produit toutes les richesses, est assez riche pour être son banquier.

« 6° Réforme des tribunaux ; le jury partout.

« 7° Liberté absolue de tous les moyens de communiquer la pensée.

« 8° Impôt progressif.

« 9° Impôt proportionnel sur les forces employées dans l'industrie.

« 10° Garantie du partage loyal des bénéfices entre le capital et le travail.

« 11° Impôt sur le luxe.

« 12° Suffrage universel.

« 13° Assemblée nationale.

« 14° Elections annuelles de tous par tous.

« Vive la République !

« Gardons nos armes. »

Le gouvernement avait pris, dès le lendemain de la Révolution, un engagement qu'il fallait remplir. Lorsqu'il était encore sous la pression du Peuple, il avait rendu le décret suivant dont les deux premières lignes indiquaient le but et le sens de la Révolution :

« Le gouvernement provisoire de la Répu-
» blique française s'engage à garantir l'existence
» de l'ouvrier par le travail ;

» Il s'engage à garantir du travail à tous les citoyens ;

« Il reconnaît que les ouvriers doivent s'asso-
cier entre eux pour jouir du bénéfice légitime de leur travail.

« Le gouvernement provisoire rend aux ou-
vriers, auxquels il appartient, le million qui va échoir de la liste civile. »

Cette proclamation avait été écrite sous la dictée d'un ouvrier nommé Marche. On s'en aperçoit sans peine, d'après le ton énergiquement démocratique dans lequel elle est rédigée.

Elle avait été accueillie avec enthousiasme ; les ouvriers reprenaient confiance sur la foi de cette promesse.

Mais plusieurs jours se passaient, et rien n'annonçait qu'on s'en occupât. Les pavés des barri-
cades étaient replacés, les patrouilles de gardes nationaux parcouraient les rues, et les serviteurs

de la monarchie revenaient s'échelonner autour du pouvoir nouveau ; mais on ne s'était pas encore inquiété de la condition des prolétaires sans ouvrage, sinon pour les inviter à rentrer dans leurs ateliers, comme s'il avait dépendu d'eux de les faire rouvrir. Le Peuple prit enfin le parti de se rappeler au souvenir de son gouvernement, qui paraissait l'oublier.

Environ 20,000 ouvriers se présentèrent à l'Hôtel-de-Ville avec des drapeaux et en demandant l'organisation du travail et la création d'un ministère spécial des travailleurs. Le gouvernement était effrayé et indécis. Louis Blanc, dont l'ascendant sur les ouvriers était bien connu, fut prié de prendre la parole. Il engagea le Peuple à avoir confiance dans le gouvernement provisoire et à donner l'exemple du calme et de la modération.

Le Peuple se retira, mais Louis Blanc crut devoir appuyer énergiquement, au sein du conseil, la proposition qui venait d'être apportée au sujet d'un ministère du travail. Il trouva une violente opposition ; on dit qu'Albert seul se rangea à son avis. Louis Blanc voulut donner sa démission ; c'eût été compromettre la popularité et peut-être l'existence du gouvernement provisoire, qui n'osa pas accepter la lutte. On s'arrêta à la création d'une commission spéciale permanente chargée de s'occuper des moyens d'améliorer le sort des travailleurs. Louis Blanc en fut nommé président et Albert vice-président. Le siége de cette commission, qui devait être formée de délégués des différents corps d'état, fut établi au Luxembourg.

En exilant ainsi du siége de leurs délibérations, avec la périlleuse mission de magnétiser un peuple affamé, deux de leurs collègues dont les principes socialistes les gênaient, les membres réactionnaires du gouvernement provisoire leur laissaient tout le poids d'un immense problème à résoudre, sans budget spécial, sans aucun moyen d'action, avec une écrasante responsabilité s'ils échouaient. Pour atteindre plus sûrement ce résultat, on se hâta d'ouvrir, sur la proposition de M. Marie, ministre des travaux publics, des ateliers nationaux dans lesquels on enregimenta une immense quantité d'ouvriers et auxquels on donna une direction essentiellement hostile aux principes de la commission du Luxembourg. Cependant, cette commission, dès les premiers jours de son installation, rendit d'importants services. Louis Blanc partagea avec Caussidière l'honneur du maintien de la paix dans Paris pendant les deux premiers mois de la révolution. Chaque jour des différends s'élevaient entre les patrons et les ouvriers; ceux-ci menaçaient de se mettre en grève; mais les uns et les autres venaient exposer leurs griefs à Louis Blanc, qui terminait toujours la discussion à l'amiable. C'est ainsi notamment qu'il empêcha que Paris ne manquât de pain du jour au lendemain, par suite d'une difficulté survenue entre les boulangers et leurs ouvriers qui refusaient de travailler.

Le premier acte de la commission du Luxembourg fut de faire rendre par le gouvernement provisoire le décret suivant, dont les termes avaient été fixés d'un commun accord par les délégués des patrons et des ouvriers :

« Sur le rapport de la commission du gouvernement pour les travailleurs,

« Considérant :

« 1º Qu'un travail manuel trop prolongé, non-seulement ruine la santé du travailleur, mais encore, en l'empêchant de cultiver son intelligence, porte atteinte à la dignité de l'homme;

« 2º Que l'exploitation des ouvriers par les sous-entrepreneurs ouvriers, dits marchandeurs ou tâcherons, est essentiellement injuste, vexatoire, et contraire au principe de la fraternité;

« Le gouvernement provisoire de la République décrète :

« La journée de travail est diminuée d'une heure. En conséquence, à Paris, où elle avait été jusqu'ici de onze heures, elle est réduite à dix; et en province, où elle avait été jusqu'ici de douze heures, elle est réduite à onze.

« L'exploitation des ouvriers par des sous-entrepreneurs ou marchandeurs est abolie.

« Il est bien entendu que les associations d'ouvriers qui n'ont point pour objet l'exploitation des ouvriers les uns par les autres ne sont pas considérées comme marchandage. »

Ce décret, abrogé depuis par l'hostilité taquine de l'Assemblée nationale, était un bienfait pour les patrons et pour les ouvriers : il abolissait le marchandage, impôt prélevé sur les uns comme sur les autres, et, en diminuant la journée de travail, il augmentait le nombre des ouvriers occupés. Quelques jours après, la commission du Luxembourg fit établir, dans toutes les mairies, un bureau gratuit de renseignements où les demandes et les offres de travail étaient inscrites sur des registres. Les ateliers commencèrent à se rouvrir, et la confiance parut renaître. Le Peuple, confiant dans la bonne volonté et les lumières de la commission du Luxembourg, disait qu'il mettrait encore trois mois de misère au service de la République.

Rassuré du côté du Peuple, le gouvernement provisoire se crut assez fort pour braver la presse, cet autre ennemi des pouvoirs inertes ou rétrogrades. Il annonça le rétablissement des cautionnements des journaux et de l'impôt du timbre. C'était tuer d'un seul coup la presse du pauvre; tous les nouveaux journaux qui s'étaient formés depuis le 24 février comptaient, pour vivre le lendemain, sur la vente de leur numéro de chaque jour dans les rues. Le timbre et le cautionnement les annulaient. Comme presque tous appartenaient au parti démocratique, le but de la mesure prise par le gouvernement provisoire ne fut pas douteux et souleva de violentes réclamations. Les rédacteurs des nouveaux et de la plupart des anciens journaux résolurent de porter au gouvernement une protestation énergique, décidés d'ailleurs, si le gouvernement passait outre, à ne pas se soumettre.

Le gouvernement se montra indécis et irrésolu : il annonça d'abord que l'impôt du timbre serait suspendu dix jours avant la convocation des assemblées électorales ; puis, forcé de céder du terrain pied à pied, il supprima définitivement l'impôt. Les fameuses lois de septembre furent en même temps abrogées.

Affranchie de ces entraves, la presse prit un développement immense, et l'éducation politique du Peuple fit plus de progrès en quelques jours qu'elle n'en avait fait pendant les cinquante dernières années de la monarchie. Mais rien ne contribua aussi puissamment à initier le Peuple à la vie démocratique que les clubs : « Quand trois d'entre vous seront réunis en mon nom,

avait dit Jésus-Christ, je serai au milieu d'eux. »
Les clubs sont les églises de la religion nouvelle,
la religion du droit. C'était un magnifique spectacle que de voir ces hommes qui la veille demandaient au vin ou à la littérature pourrie des théâtres le délassement de leurs travaux, s'assembler chaque soir pour entendre la bonne nouvelle, l'évangile de la justice, et boire la parole de vie qui tombait des lèvres des initiateurs. La plupart des présidents de clubs étaient des prisonniers politiques de la monarchie; c'étaient les confesseurs de la foi : leur pâleur, leur vieillesse précoce, les ravages ineffaçables de leur captivité, rappelaient au Peuple qu'ils avaient offert leur sang en témoignage à la vérité, et donnaient à leurs paroles l'autorité du martyre. Depuis, presque tous sont retournés dans les prisons qu'ils avaient un instant quittées.

Blanqui ouvrit le premier club sous le nom de Société républicaine centrale. Sa parole calme et froide faisait pénétrer dans les masses de vagues soupçons sur les tendances du pouvoir. Instruit depuis longtemps à la défiance, il dénonçait avec une sagacité prophétique la marche rétrograde de la Révolution. Il poursuivait avec une ombrageuse obstination ces deux agens de toutes les tyrannies, la magistrature et l'armée. Mais sa personnalité hautaine éloignait de lui les hommes de son parti qui se groupaient de préférence autour de Barbès, fondateur du club de la Révolution, nature sympathique et franche, dont le seul défaut était de trop compter sur la loyauté de ses ennemis. Quelques clubs avaient pour but exclusif la propagation d'une doctrine, par exemple, celui des communistes icariens, fondé par Cabet. D'autres s'organisèrent en sections armées destinées à opposer, s'il le fallait, une digue aux envahissements de la réaction. Tel fut le club de la Société des droits de l'homme composé principalement des sectionnaires des sociétés secrètes.

Des clubs s'ouvrirent dans tous les quartiers de Paris ; les royalistes en eurent aussi, et bientôt le Peuple entier prit part à ces luttes de la pensée qui devaient le préparer à l'exercice de ses droits reconquis. Caussidière et Ledru-Rollin, comprenant l'importance de cette initiation pour les élections prochaines, facilitèrent l'établissement des clubs en leur ouvrant les salles inoccupées des monuments publics. Depuis, on a fermé les clubs en même temps qu'on a bâillonné la presse ; mais le Peuple, qui a vécu un jour de cette communion des esprits, n'y renonce plus. Quand on empêcha les chrétiens de s'assembler au grand jour, ils descendirent dans les catacombes : les clubs fermés deviennent les sociétés secrètes.

CHAPITRE VI.

Établissement de la République dans les départements.—Les Commissaires de Ledru-Rollin.
La circulaire de Lamartine. — Mouvement général des Peuples de l'Europe après la Révolution de Février.—Départ des bandes républicaines vers la frontière.—Massacre des colonnes Belges.
Indécision du Gouvernement.—Fausses mesures financières.—Dons patriotiques offerts par le Peuple.—Impôt des 45 centimes.
La circulaire de Ledru-Rollin.—Conspiration des bonnets à poil.

La République s'était établie à Paris sans résistance. Le reste de la France consentirait-il à accepter le bienfait d'une révolution toute faite? C'est ce dont l'esprit rétrograde de certaines provinces pouvait faire douter. Des commissaires furent immédiatement délégués dans les départements pour y faire reconnaître la République et préparer les élections des représentants du Peuple. Malheureusement le choix de ces commissaires se fit avec une grande précipitation, et si quelques-uns s'acquittèrent dignement de leur mission, d'autres n'y virent qu'un moyen de faire réussir leur propre candidature : plusieurs mêmes, pactisant avec les factions réactionnaires, s'efforcèrent d'étouffer l'esprit démocratique au lieu d'en aider le développement. L'établissement de la République ne trouva pas d'opposition ouverte dans les provinces. Les partis aristocratiques, et notamment le clergé, jugèrent qu'il valait mieux accaparer la Révolution que de lui résister, et se préparèrent activement à diriger les élections.

Le danger d'une guerre civile était écarté pour le présent ; restait celui de la guerre extérieure. La Convention avait jadis puisé dans ce danger des forces nouvelles ; mais la France de 1848, assoupie par une longue oppression, s'éveillait à peine à la vie révolutionnaire, et d'ailleurs on pouvait douter que le gouvernement provisoire trouvât en lui les ressources de patriotisme et d'énergie qui avaient sauvé la Convention. Heureusement, les autres nations de l'Europe contenaient des germes de révolution. Il n'était pas de gouvernement pour qui la guerre n'eût été bien plus dangereuse que pour la France, et s'ils l'oubliaient, la France avait une arme terrible contre eux, la propagande républicaine. Dès les premiers jours du mois de mars, la ligne politique que le gouvernement provisoire se proposait de suivre fut développée dans une circulaire adressée par Lamartine aux agents diplomatiques de la République.

Cette déclaration, énergique si on la compare à la politique qui fut suivie depuis, sembla, à l'époque où elle parut, tiède et timide au milieu de l'enthousiasme général. Les étrangers qui habitaient Paris avaient accueilli l'avènement de la République en France comme le signal de la délivrance de tous les Peuples; d'un bout de l'Europe à l'autre, la presse libérale l'avait saluée d'unanimes acclamations; on croyait que, tout en repoussant toute pensée de conquête, la France promettrait son appui à tous les Peuples décidés à secouer le joug. La Pologne, l'Irlande, l'Italie, croyaient pouvoir compter, sinon sur les armées, du moins sur la protection diplomatique de la France ; le rayonnement pacifique dont parlait Lamartine leur semblait peu efficace, et ils avaient espéré mieux que cette politique de de métaphore. Mais il y avait dans le Peuple une telle effervescence d'enthousiasme pour les Peuples opprimés qui parlaient de soulèvement, qu'on s'inquiéta peu du langage officiel du pouvoir.

Chaque jour des bandes de patriotes étrangers s'assemblaient sur la place de la Révolution, et de là se rendaient, leur drapeau en tête, à l'Hôtel-de-Ville : ils sollicitaient l'appui de la France, et des armes pour la campagne démocratique qu'ils allaient entreprendre. On leur répondait par des phrases équivoques et de stériles conseils ; mais à la porte ils retrouvaient les ardentes sympathies du Peuple, et ils partaient sans ressource, mais pleins d'espérance et de foi pour la croisade européenne de la Liberté ; on faisait des quêtes sur leur passage, on leur offrait des secours pour la route et des armes, et ils allaient ainsi porter chez leurs compatriotes l'étincelle révolutionnaire. Au bout d'un mois, l'Europe entière s'agitait pour la Liberté.

La France avait donné le signal, à elle revenait l'honneur de conduire le chœur des peuples affranchis. Mais la Révolution, étouffée en France, devait avoir partout le même sort.

Les Belges qui partirent les premiers furent en partie massacrés à leur arrivée à la frontière. Des bruits de trahison se répandirent. Plusieurs clubs accusèrent Ledru-Rollin d'avoir fait prévenir le gouvernement belge de l'arrivée des colonnes républicaines ; la réaction lui reprocha au contraire d'avoir favorisé une agression contre un gouvernement allié. Enfin, quelques-uns des chefs de l'expédition furent accusés par les Belges eux-mêmes d'avoir servi d'agents provocateurs. C'est sous ces tristes auspices que s'ouvrit la croisade républicaine.

Tous les peuples de l'Europe saluèrent avec joie l'avènement de la République française. Quant aux gouvernements, rassurés par la circulaire de Lamartine, ils se tinrent dans une réserve que la prudence leur imposait. La République n'eut donc de résistance à vaincre ni au dedans ni au dehors. Jamais position ne fut plus facile et plus belle que celle du gouvernement de Février. Il pouvait sans résistance asseoir la République sur des bases larges et solides ; on s'attendait à d'énergiques mesures, à des réformes radicales : le Peuple les demandait, les privilégiés s'y résignaient d'avance. Mais les hommes qui occupaient le pouvoir furent comme éblouis de la hauteur où ils se voyaient portés. Habitués aux escarmouches de la monarchie constitutionnelle, ils s'effrayaient de cette arme puissante de la dictature qu'une révolution avait mise entre leurs mains. De là ce mélange d'imprudence et de timidité qui caractérise leur conduite.

Quelques mesures furent prises en deux ou trois fois. Ainsi la prorogation de l'échéance des effets de commerce à dix jours fut décrétée d'abord pour Paris, puis pour les départements de la Seine et de la Seine-Inférieure, enfin pour toute la France. Mais il fallait un expédient énergique pour relever le crédit et rendre à l'industrie et au commerce leur activité. On crut l'avoir trouvé en acquittant par anticipation le semestre des rentes 5 p. 100, 4 p. 100 et 4 1/2 p. 100.

Cette forfanterie ne trompa personne ; le numéraire n'en disparut pas moins de la circulation, et le crédit public et privé n'y gagna rien. Il fallut bien avouer quelle était la situation, et chercher à y remédier. Naturellement, les pauvres souffrirent les premiers des fautes du gouvernement. On décréta que l'argent déposé aux caisses d'épargne ne serait remboursé en argent que jusqu'à concurrence de 100 francs. Quant aux riches, ils affluaient chaque jour à la Banque pour changer leurs billets contre des espèces.

On se décida à donner cours forcé aux billets de banque : il était déjà trop tard ; il aurait fallu, dès le 25 février, faire de la Banque de France une propriété nationale et introduire dans son organisation certaines mesures qui en fissent un établissement de liberté au lieu d'une entreprise d'exploitation. Mais cela rappelait les assignats, et surtout c'était du socialisme. Or, les dangers les plus sérieux effrayaient bien moins la bourgeoisie et ses représentants que les fantômes de communisme et de 93.

La monarchie avait laissé en héritage à la République une dette considérable et une situation financière embarrassée : pour en sortir, il eût fallu des réformes radicales : l'organisation du crédit, la centralisation des banques, la remise entre les mains de l'Etat des chemins de fer, canaux, mines, etc., et leur exploitation par des associations ouvrières, la soumission du capital au travail, la réduction du taux de l'intérêt, et par suite des loyers et fermages, la réforme budgétaire, l'abolition des douanes, etc. Mais, pour adopter ces mesures, il aurait fallu être révolutionnaire, et le gouvernement provisoire n'avait pas foi dans la Révolution.

Au lieu de s'appuyer sur le Peuple, il semblait avoir pour unique préoccupation de se faire accepter par la bourgeoisie. Cependant, tandis que les capitalistes retiraient le numéraire de la circulation et compromettaient la République par leur défiance réelle ou simulée, les ouvriers lui venaient en aide par l'offrande généreuse de leurs épargnes. Sobrier avait donné l'exemple de ces sacrifices en versant 20,000 fr., un cinquième de sa fortune, dans les caisses de l'Etat. De nombreux démocrates l'imitèrent; dans tous les ateliers, on fit des collectes. Des hommes, à peine assurés de leur subsistance du lendemain, offraient à la patrie ce qu'ils avaient pu retrancher de leur salaire de chaque jour. Pourquoi faut-il ajouter que la plupart de ces obscurs dévouements populaires ont eu pour récompense, quelques mois plus tard, la prison, l'exil ou la mort!

Ces dons volontaires, offerts, à peu d'exceptions près, par des hommes du Peuple, ne suffisaient pas pour parer aux difficultés de la situation. Le ministre des finances Garnier-Pagès, qui avait succédé à Goudchaux, proposa quelques demi-mesures également impuissantes : la vente des diamants de la couronne, l'aliénation des forêts de l'ancienne liste civile, la réalisation du complément de l'emprunt voté sous la monarchie. Il fut décrété que les citoyens qui apporteraient des offrandes volontaires seraient considérés comme souscripteurs de l'emprunt national, et recevraient un coupon de rente 5 pour 100 au pair, quand bien même ce fonds dépasserait le pair avant le complément de la souscription. Mais tous ces palliatifs étaient des gouttes d'eau dans la mer. On se décida à demander des ressources à un impôt exceptionnel. Une addition de 45 centimes par franc au montant des quatre contributions directes fut décrétée pour l'année 1848. Cet impôt pesait surtout sur les petits propriétaires des campagnes, dont les terres sont en général grevées d'hypothèques. Le mécontentement fut universel ; pour les paysans, assez indifférents, en général, aux questions politiques, la République c'était l'impôt des 45 centimes.

C'est au milieu de ces dispositions des esprits que devaient avoir lieu les élections pour l'Assemblée nationale. Ledru-Rollin comprit qu'il était nécessaire d'éclairer le Peuple des provinces sur ses véritables intérêts, et de balancer par une propagande démocratique les menées actives des royalistes. Il adressa à cet effet une circulaire aux commissaires envoyés par lui dans les départements. Malheureusement, cette circulaire, rédigée par l'avocat Jules Favre, était conçue dans des termes maladroits dont les ennemis de la République tirèrent habilement parti. Ils affectaient de comparer le conseil donné aux commissaires d'éclairer le Peuple, au moment des élections, avec la corruption électorale organisée sous la monarchie. L'impôt des 45 centimes avait disposé les campagnes au mécontentement. Dans ces circonstances, les démocrates sentirent combien il était important d'obtenir l'ajournement des élections. Blanqui le demanda deux fois au nom du club central républicain dont il était président. Enfin, les clubs prirent la résolution d'organiser une manifestation imposante dans ce but.

L'occasion leur en fut fournie par l'aristocratie elle-même. Il avait été décidé que tout le Peuple ferait partie de la garde nationale, et, pour opérer, s'il se pouvait, une fusion entre les anciens et les nouveaux gardes nationaux, Ledru-Rollin avait décrété le changement des anciens cadres, et la dissolution des compagnies de grenadiers et de voltigeurs, remplies, en général, par la haute bourgeoisie. Celle-ci craignit de perdre son importance politique par cette fusion avec le Peuple; les anciens gardes nationaux tenaient d'ailleurs à conserver leurs chefs, ce qui devenait impossible par le changement des cadres. Le mécontentement des partis vaincus se manifestait hautement. La nuit, des drapeaux blancs furent promenés dans les rues et arborés sur certains monuments publics. Les réunions se multiplièrent dans les légions de la garde nationale; enfin, une protestation collective fut résolue. L'idée de cette protestation partit, dit-on, des bureaux du journal la *Presse*.

Dans la matinée du 16 mars, environ soixante mille gardes nationaux se réunirent pour aller demander au Gouvernement provisoire que le décret fût retiré, qu'il fût permis aux compagnies d'élite de conserver leurs insignes; et que les anciens cadres fussent conservés. Le mécontentement des bourgeois s'exprimait dans les termes les plus violents, et la plupart d'entre eux affichaient la prétention de forcer Ledru-Rollin à se retirer.

La première colonne de gardes nationaux en uniforme arriva à l'Hôtel-de-Ville au milieu du silence dédaigneux du Peuple; une autre colonne la suivit de près. Le Peuple craignit que le Gouvernement provisoire ne fût forcé de céder à la violence, et empêcha cette seconde colonne d'arriver jusqu'à l'Hôtel-de-Ville. Le général Courtais arriva bientôt avec son état-major, et engagea les gardes nationaux à se retirer, leur reprochant avec modération de troubler l'ordre qu'ils étaient chargés de maintenir.

A ce moment, Arago et Ledru-Rollin arrivèrent en voiture sur la place de l'Hôtel-de-Ville. Dès qu'on les aperçut, les cris à bas Ledru-Rollin ! partirent des rangs de la garde nationale. Arago essaya de conjurer le danger : « Vous oubliez donc, dit-il à l'un des plus furieux, que c'est ici que Foulon a été tué ? Vous voulez donc amener un malheur semblable ? » Il parvint à pénétrer, avec Ledru-Rollin, dans l'Hôtel-de-Ville. La députation des gardes nationaux s'y présenta bientôt après.

Arago et Armand Marrast la reçurent avec la mauvaise humeur naturelle à des hommes qui voient leur parti se compromettre par une maladresse. Ils se plaignirent que la garde nationale manquât de confiance en eux, et provoquât une contre-manifestation populaire qui serait bien difficile à calmer.

Les gardes nationaux s'en retournèrent chez eux avec cette paternelle admonestation, au milieu des quolibets du Peuple qui oublia ce que cette démarche avait de coupable, pour n'en voir que le côté ridicule, et laissa à cette journée le nom de Journée des bonnets à poil.

CHAPITRE VII.

—

Journée du 17 mars. — Marche du Peuple vers l'Hôtel-de-Ville. — Conférence des délégués du Peuple avec le Gouvernement provisoire. — Lamartine promet l'ajournement des élections et l'éloignement de l'armée. — Le Peuple se retire.
Le Gouvernement provisoire écarte l'influence de Blanqui, puis élude toutes ses promesses du 17 mars
Intrigues de la réaction dans les provinces. — Torpeur des ouvriers au moment des élections. — Centralisation des clubs.

Dès le soir les principaux clubs se concertèrent ; des avis furent envoyés aux ouvriers des ateliers nationaux et des principaux ateliers de Paris, et le lendemain, à onze heures, une foule immense se dirigea le long des quais vers l'Hôtel-de-Ville. Les Montagnards de Caussidière s'y réunirent, et cette armée populaire, grossissant à chaque instant, s'organisa dans l'ordre le plus parfait.

Outre les drapeaux des corporations et ceux des clubs, on y voyait quelques drapeaux étrangers, notamment celui de la Pologne, les drapeaux tricolores de l'Unité italienne et de l'Unité allemande, et le drapeau vert de l'Irlande orné d'une harpe.

Quand la tête de la colonne arriva à la place de l'Hôtel-de-Ville, le cortége se montait à près de 200,000 hommes, divisés en compagnies de 3 à 4,000. Au *Chant du départ* et à *la Marseillaise* se mêlaient les cris de : Vive la République! vive Ledru-Rollin! Le peuple offrait ainsi un témoignage spécial de sympathie à celui des membres du Gouvernement provisoire que l'aristocratie avait attaqué avec le plus d'acharnement. Vers deux heures la députation des corporations et des clubs fut reçue par le Gouvernement provisoire. Cabet et Sobrier faisaient partie de cette députation. Un ouvrier, le citoyen Gérard, exposa les vœux du peuple. Il rappela avec calme que le Peuple n'avait pas le temps, jusqu'au 25, jour fixé pour les élections, de s'éclairer sur les choix à faire ; que, de plus, il ne pouvait y avoir d'élections indépendantes et libres, s'il restait dans la capitale des troupes armées et soldées. En conséquence, il demanda, au nom du Peuple, l'éloignement des troupes et l'ajournement des élections de la garde nationale et de celles pour l'Assemblée nationale.

« Citoyens du Gouvernement provisoire, dit-il en terminant, nous ne pouvons nous le dissimuler, des manœuvres contre-révolutionnaires pourraient mettre en danger la paix publique Hier, une manifestation menaçante avait pour but de vous ébranler ; nous y répondons par une manifestation pacifique, pour vous défendre et nous défendre avec vous ; que le gouvernement s'appuie résolument sur le Peuple ; qu'il lui donne l'exemple de l'union, de l'unité, de la confiance et de la fermeté, et l'ordre sera solide comme la liberté, et la République triomphera. »

Ce conseil d'union et de concorde donné au Gouvernement provisoire s'adressait particulièrement à Lamartine qui, la veille, dans une réponse aux délégués d'un club réactionnaire, avait paru désapprouver les actes de Ledru-Rollin. D'ailleurs, les divisions qui existaient au sein du gouvernement n'étaient un secret pour personne.

La coterie bourgeoise qui formait la majorité de ce gouvernement sentait que la seule présence du Peuple, devant l'Hôtel-de-Ville, était un danger pour elle, et pour conjurer ce danger, elle s'abritait derrière ceux de ses collègues qui possédaient la confiance du Peuple : ce fut Louis Blanc qui fut chargé de répondre à la députation.

« Citoyens, dit-il, les pensées d'ordre que vous avez manifestées sont la consécration de la liberté en France. Il faut que la force du peuple se manifeste avec calme ; le calme est la majesté de la force. Vous-mêmes, citoyens, vous ne voudriez pas que le gouvernement qui vous représente cédât à une menace. Les vœux que vous avez exprimés seront pris en grande considération, précisément parce qu'ils se sont produits dans des termes pleins de modération ; nous vous remercions de nous avoir mis en état de délibérer avec indépendance. Maintenant, retirez-vous, pour qu'il soit bien entendu que le gouvernement ne délibère pas sous l'empire d'une menace. »

Cabet, membre de la députation, insista pour obtenir une réponse plus positive. Ledru-Rollin répondit qu'il avait demandé à tous les commissaires de lui faire connaître l'état des départements, pour savoir s'il était nécessaire, dans l'intérêt de la République, de reculer les élections, et qu'il attendait leur réponse dans un délai très-court.

« Vous ne pouvez vouloir, ajouta-t-il, que nous répondions avant de nous être éclairés. »

— « Mais, dit un des délégués du Peuple, il y a deux questions sur lesquelles on peut donner une réponse immédiate; elles ne concernent que Paris; c'est le renvoi de toute troupe soldée et l'ajournement des élections de la garde nationale. »

Lamartine promit que les élections de la garde nationale seraient ajournées. « Quant aux troupes, ajouta-t-il, il n'y a pas de troupes à Paris, si ce n'est peut-être 1,500 ou 2,000 hommes dispersés pour les postes extérieurs, pour la protection des portes et des chemins de fer, et il est faux que le gouvernement ait songé à en rapprocher de Paris. Voilà la vérité; rapportez-la au Peuple; sa liberté lui appartient parce qu'il l'a conquise. La République, à l'intérieur, ne veut pas d'autre défenseur que le Peuple armé. »

De tous les membres du Gouvernement, Lamartine fut celui qui, depuis ce temps, insista le plus pour le rappel des troupes. S'il n'oublia pas sa promesse solennelle du 17 mars, le bruit des fusillades de Juin et du bombardement des faubourgs dut retentir cruellement dans sa poitrine.

La députation se montra satisfaite des promesses solennelles du gouvernement.

« Les délégués du Peuple, dit Sobrier, n'ont nullement l'intention de faire violence au Gouvernement provisoire ; nous avons une confiance entière en lui ; nous l'avons soutenu jusqu'à présent, nous le soutiendrons jusqu'à l'Assemblée constituante. Le Peuple a été héroïque pendant le combat, généreux après la victoire. Il est calme parce qu'il est fort et juste. Que les mauvaises passions, que les intérêts blessés se gardent de le provoquer. Nous attendons avec confiance la réalisation des promesses du Gouvernement provisoire. Nous attendons, nous qui manquons souvent du nécessaire, que le Gouvernement provisoire se rappelle à tout moment qu'il doit pourvoir à la subsistance de tous les citoyens. Qu'il y songe, car le travail manque aujourd'hui. Le Peuple comprend ses droits et ses devoirs; à cette heure ceux qui marchent contre la Révolution, ouvertement ou sourdement, commettent un crime de lèse-humanité. »

La députation retourna vers le Peuple; le Gouvernement la suivit, et Louis Blanc, au nom de ses collègues, remercia le Peuple de son attitude calme et modérée, et l'engagea à se retirer pour laisser le Gouvernement délibérer en toute liberté.

Le Peuple se retira en effet, confiant dans la parole du Gouvernement. Le cortége se dirigea vers la colonne de Juillet aux cris de vive la République, vive Ledru-Rollin! Sur le boulevard, le général Courtais, qui, la veille, avait énergiquement blâmé la manifestation de la bourgeoisie, félicita le Peuple de son enthousiasme patriotique, promit de hâter l'armement de tous les citoyens, et déclara qu'il n'ambitionnait d'autre titre que celui de général du Peuple, parole que l'aristocratie ne lui pardonna pas.

Arrivé à la hauteur de la rue Montmartre, le cortége se détourna pour passer devant la Bourse. Les joueurs, effrayés, accoururent sous le péristyle, et agitèrent leurs chapeaux en criant : Vive la République ! Le Peuple leur répondit par un cri qui avait déjà accueilli, l'année d'avant, l'aristocratie financière après une fête donnée par le duc de Montpensier : A bas les voleurs !

Le soir les maisons furent illuminées : des groupes parcouraient les rues en criant : *Des lampions!* Fêtez la victoire du Peuple ! Ce fut en effet le dernier beau jour du parti démocratique. Le lendemain, tout en remerciant le Peuple d'une manifestation qu'il traita plus tard de factieuse et d'usurpatrice, le Gouvernement provisoire songea à prévenir le retour de ces démonstrations populaires que la conscience de ses fautes lui faisait regarder comme un danger. Lamartine se rapprocha non-seulement de Ledru-Rollin, mais encore des principaux agitateurs populaires. Il eut des entretiens avec Sobrier et Blanqui. Bien que la bourgeoisie eût fait de Lamartine le drapeau de son parti, le véritable chef de la réaction était le maire de Paris, Armand

Marrast. La coterie bourgeoise craignit les résultats d'un rapprochement entre Lamartine et les chefs de clubs. On lança dans le public une pièce trouvée, disait-on, dans les papiers d'un ministre de la monarchie et contenant des révélations sur les anciennes sociétés secrètes ; on attribua cette note à Blanqui ; vraie ou fausse, elle devait le perdre aux yeux de son parti lui-même. Dès lors l'influence du plus actif des chefs de la démocratie fut momentanément annulée, et le Gouvernement provisoire put éluder toutes ses promesses du 17 mars.

On se contenta de reculer les élections de la garde nationale de quelques jours. Quant à celles de l'Assemblée nationale, elles furent également reculées d'un délai insignifiant, que la minorité du Gouvernement obtint à grand'peine, et qu'on eut soin de justifier aux yeux de la bourgeoisie par l'impossibilité matérielle de les opérer à l'époque fixée précédemment.

La réaction, intimidée par l'énergique attitude du Peuple au 17 mars, sentit qu'elle s'était trop hâtée et que l'heure n'était pas venue de marcher à visage découvert. Alors commencèrent ces manœuvres habiles et opiniâtres dont le résultat devait être de fermer au parti républicain les portes de l'Assemblée constituante. Les élections de la garde nationale offrirent un avant-goût de ces intrigues royalistes. Elles avaient été fixées au 5 avril; il fallait qu'avant ce terme tout le Peuple fût armé; cet armement s'opérait avec une lenteur calculée. Ce fut bien pis dans les départements : la garde nationale resta presque partout une garde bourgeoise. Quand les commissaires du Gouvernement voulaient armer le Peuple, il leur fallait lutter contre le mauvais vouloir des autorités locales, appuyées par l'aristocratie; les factions rétrogrades les calomniaient dans leurs journaux et en demandaient à grand cris le renvoi. Des collisions sanglantes eurent lieu dans plusieurs villes entre le Peuple sans armes et la bourgeoisie armée.

Là même où le Peuple fut incorporé dans la garde nationale, la réaction parvint en général à éloigner les candidats démocrates par des moyens souvent peu scrupuleux : ainsi, pour empêcher l'élection de Barbès au grade de colonel de la 12ᵉ légion de Paris, on afficha, la veille du jour des élections, qu'il renonçait à sa candidature ; le Peuple, il est vrai, déjoua plus d'une fois de pareilles manœuvres ; pressentant le résultat probable de la convocation de l'assemblée, il posait en général cette question aux candidats aux grades supérieurs : Si l'Assemblée trahissait le Peuple, marcheriez-vous contre elle ?

Tout annonçait, en effet, que le parti démocratique serait vaincu dans les élections de l'Assemblée. Et, il faut le dire, la responsabilité de cette défaite doit retomber en grande partie sur le Peuple lui-même. Malgré les avertissements réitérés des clubs et des journaux républicains, la plupart des ouvriers négligèrent de se faire inscrire sur les listes électorales, négligence qu'excuse à peine pour quelques-uns la mauvaise volonté des autorités municipales, et que le Peuple expia cruellement plus tard. Quant aux provinces, leur hostilité permanente contre Paris fut habilement exploitée par les factions royalistes ; on représenta la proclamation de la République comme une usurpation du Peuple parisien. Les anciens députés du centre gauche offraient de mettre ce qu'ils appelaient leur expérience au service de la République, mais d'une république sage et modérée, expression dont on abusa beaucoup depuis lors, et dont les massacres de Juin firent connaître le véritable sens.

De son côté, le parti républicain rappelait sans cesse aux électeurs que la guerre civile sortirait inévitablement d'une assemblée réactionnaire. Cette idée fut même exprimée dans une proclamation du ministère de l'intérieur, à la rédaction de laquelle l'un de nos premiers écrivains, George Sand, avait prêté l'énergie de son style. En même temps, les clubs cherchèrent à opposer la propagande républicaine aux manœuvres royalistes. Pour centraliser cette propagande, les délégués des principaux clubs se réunirent en un comité permanent, qui, sous le titre de club des clubs et de comité révolutionnaire, s'établit au siége du journal de Sobrier, la *Commune de Paris*.

Ce comité envoya dans les départements et dans l'armée des émissaires chargés de répandre les idées républicaines. Le ministère de l'intérieur fit les frais de ces missions, mais avec une extrême parcimonie, et même, après le coup funeste porté au parti républicain par la journée du 16 avril, la plupart de ces délégués furent laissés sans ressource. Aussi, les richesses des partis royalistes et leur vieille expérience des intrigues électorales arrêtèrent toute propagande dans les provinces. Quant à l'armée, elle était restée dévouée aux traditions monarchiques, et ce ne pouvait être qu'en faveur de candidats encore plus rétrogrades qu'elle repousserait ceux du pouvoir officiel.

Or, en ce moment, le véritable pouvoir, c'était la coterie du *National*, appuyée par la bourgeoisie, à laquelle elle garantissait une République entourée d'institutions monarchiques et respectant tous les priviléges. Cette faction, comme naguère la monarchie, avait couvert la France de fonctionnaires dévoués qui combattaient toutes les candidatures franchement républicaines, et surtout celles des socialistes. Pierre Leroux, notamment, fut éloigné presque officiellement. Les élections de Paris inspiraient seules de l'inquiétude au gouvernement. Grâce aux clubs, l'esprit démocratique avait pénétré dans les masses ; leur influence fut combattue par une conspiration réactionnaire qui aboutit à un coup de théâtre.

CHAPITRE VIII.

Complot réactionnaire du 16 avril.—Le rappel battu dans tout Paris.—Cris de mort contre les communistes. — Enthousiasme de la bourgeoisie pour Lamartine. — Les ouvriers reçus par Louis Blanc à l'Hôtel-de-Ville.
Menaces d'assassinat contre Cabet.—Nouvelles parades de la garde nationale.—Rappel de l'armée.—Toute-puissance de la réaction.—Ses manœuvres électorales.—Le suffrage universel faussé partout.
Troubles en province à l'occasion des élections.—Victoire pacifique du Peuple de Limoges.—Massacres de Rouen.

Dans la matinée du dimanche, 16 avril, on savait qu'une grande quantité d'ouvriers s'étaient réunis au Champ-de-Mars, pour élire des officiers d'état-major de la garde nationale. Une réunion électorale, également composée d'ouvriers, avait lieu en même temps à l'Hippodrome. Les conspirateurs virent dans cette double réunion une occasion d'en finir avec le parti républicain socialiste. En un instant et comme par un mot d'ordre, le bruit se répand partout que les communistes sont réunis au Champ-de Mars au nombre de deux à trois cent mille hommes, ayant à leur tête Cabet, Blanqui, Raspail et Louis Blanc, et qu'ils marchent en armes vers l'Hôtel-de-Ville, pour renverser le Gouvernement provisoire. En même temps la générale bat dans tout Paris ; la garde mobile, la garde nationale de Paris et de la banlieue se rassemblent aux cris de : A bas les communistes ! à bas Cabet ! à bas Blanqui ! à bas Raspail ! à bas Louis Blanc ! et même à bas Ledru-Rollin !

En moins d'une heure, plus de cent mille hommes armés couvrent les places, les quais, les rues et les boulevards. L'Hôtel-de-Ville est gardé comme une forteresse ; chaque porte est défendue par une pièce de canon ; des députations de la garde nationale, de la garde mobile, de l'Ecole polytechnique, sont introduites. Lamartine paraît, il est salué par des acclamations frénétiques ; il raconte que ses collègues et lui viennent d'échapper à un effroyable danger ; un comité de salut public voulait se substituer au

Gouvernement provisoire légitime ; heureusement, le concours unanime et spontané de tous les bons citoyens avait anéanti ces espérances insensées, et fait de ce jour de péril un jour de triomphe pour l'ordre et la société, etc.

Le délégué de la garde nationale répondit par des protestations de dévouement : « Tous ces hommes, dit-il, qui couvrent la place de leurs flots frémissants de bonheur, envoient toutes leurs bénédictions autour de vos têtes sacrées (*sic*) ; vous résumez en vous la pensée sublime de notre révolution ; vous serez le phare qui nous guidera, etc., etc. » Lamartine parle encore, un tonnerre d'applaudissements éclate, l'enthousiasme tient du délire, comme l'écrivirent le lendemain les journaux royalistes.

Cependant, les ouvriers réunis au Champ-de-Mars, après avoir élu leurs officiers d'état-major, firent une collecte et résolurent de porter au Gouvernement provisoire le produit de cette quête, et d'émettre en même temps des vœux en faveur de l'organisation du travail par l'association. Quel ne fut pas leur étonnement en voyant les quais et les abords de l'Hôtel-de-Ville hérissés de baïonnettes et en reconnaissant qu'une offrande patriotique, portée au Gouvernement par des hommes sans armes, marchant dans le plus grand calme, était le prétexte de cet effroyable déploiement de forces. Malgré les cris et les provocations, ils s'avancèrent en silence et dans un ordre admirable, et demandèrent à envoyer une députation au Gouvernement provisoire. Il fallait bien recevoir leur argent ; heureusement, Louis Blanc venait d'entrer à l'Hôtel-de-Ville avec Albert, malgré les gardes nationaux, qui leur barraient le passage ; il parla aux délégués, attribua tout à un malentendu, et fit défiler les ouvriers au milieu de la garde nationale.

Celle-ci se retira ensuite et parada dans les rues en criant toujours : A bas les communistes ! Mort à Cabet ! Mort à Blanqui ! Le soir, une bande de gardes nationaux courut vers le Conservatoire en proférant des menaces ; la société républicaine centrale y tenait séance ; quelques montagnards sortirent de la salle et parurent à la porte. A l'aspect de leurs ceintures rouges, les gardes nationaux prirent la fuite en s'écriant : Sauvons-nous, les voilà ! Une tentative plus menaçante eut lieu contre la société fraternelle des communistes icariens ; avant l'ouverture de leur séance, les gardes nationaux de la banlieue annoncèrent qu'ils viendraient fermer la salle, et le propriétaire du local déclara qu'il ne pouvait plus le louer ; en même temps cinq à six cents gardes nationaux se précipitèrent en tumulte vers la demeure de Cabet en criant : Mort aux communistes ! Cabet à la lanterne ! Les officiers guidaient leurs soldats en brandissant leurs sabres.

Cabet était en ce moment chez un ami ; il écrivit le lendemain au Gouvernement provisoire, dont plusieurs membres, Lamartine entre autres, étaient ses amis personnels : « Si j'avais été assassiné, dit-il, je l'aurais été moins de deux mois après une révolution populaire, au nom de la République, au nom des principes de liberté, d'égalité et de fraternité, sans qu'aucun pouvoir public eût dit un mot pour détruire la calomnie, pour arrêter la menace, pour protéger le domicile, la personne et la vie d'un citoyen si publiquement en péril. »

Cabet demandait une enquête. Il était démontré, jusqu'à l'évidence, que ni lui, ni Blanqui, ni Raspail, n'avaient eu aucun rapport avec les ouvriers réunis au Champ-de-Mars ; ceux-ci, de leur côté, faisaient remarquer que s'ils avaient voulu renverser le Gouvernement provisoire, ils ne se seraient pas réunis sans armes, mais armés et au nombre de deux cent mille, ce qui leur aurait été facile. Le Gouvernement n'annonça pas moins qu'il était sur la trace du grand complot communiste qui venait d'échouer. Il valait encore mieux, en effet, passer pour avoir eu peur de son ombre que d'avouer qu'on avait ourdi une conspiration.

On ne saurait dire quelle fut la part respective des principaux membres du Gouvernement dans cette affaire ; Lamartine, Ledru-Rollin et Marrast revendiquèrent, chacun pour son compte, l'honneur d'avoir sauvé la France en faisant battre le rappel ; il est vraisemblable que Ledru-Rollin fut plutôt dupe que complice. Cependant il voulut persister dans l'esprit de son rôle, et le surlendemain, il accusa les socialistes dans un bulletin officiel, et mêla ses insultes aux cris de mort de la réaction.

Mais tout n'était pas fini : la garde nationale

avait bivouaqué la nuit sur les places publiques. Le lendemain, nouveau rappel ; la bourgeoisie se rassemble en armes et défile dans les rues à grand renfort de tambour. Un cri retentit dans quelques légions : Vive l'armée ! l'armée à Paris ! Des officiers de la garde nationale se rendent au ministère de la justice, place Vendôme ; ils demandent le rappel des troupes. Crémieux leur promet que le Gouvernement se rendra aux vœux du Peuple, et on se sépare aux cris de vive l'armée ! — Le tour était joué.

Le surlendemain, grande fête de la distribution des drapeaux. La garde nationale et l'armée fraternisent ; les femmes de l'aristocratie agitent leurs mouchoirs aux fenêtres. Depuis ce temps, ce furent chaque jour de nouveaux banquets offerts par les officiers de la garde nationale à l'armée et à la garde mobile. Blanqui prédit dès-lors que le fruit de cette fraternité de la bourgeoisie et de l'armée serait une Saint-Barthélemy de prolétaires, prophétie qui s'accomplit deux mois plus tard.

La fureur contre les communistes ne s'arrêta pas aux tentatives de la soirée du 16 ; pendant plusieurs jours, Paris fut en proie à une véritable terreur. On n'osait plus parler de socialisme, ni même d'organisation du travail, dans la rue ; un grand nombre de citoyens furent maltraités et menacés de mort pour avoir défendu les principes de Louis Blanc devant des gardes nationaux.

N'osant pas encore crier à bas les républicains, on les poursuivait sous le nom de communistes ; chaque garde national se croyait investi d'une puissance souveraine, et, de son autorité privée, arrêtait ceux de ses voisins qui lui semblaient *trop avancés* ; bientôt la Préfecture de police eût été pleine, si les Montagnards n'eussent fait sortir par une porte de derrière la plupart de ceux qu'on leur amenait. En même temps, les dénonciations devenaient si nombreuses qu'il semblait, dit Caussidière, que la moitié de Paris voulût emprisonner l'autre, le tout au nom de l'Ordre, mot renouvelé du temps de la prise de Varsovie, et qui devenait fort à la mode.

Cette frénésie réactionnaire fut encore bien plus violente en province. Les habitants des campagnes se laissèrent facilement persuader que les communistes étaient des brigands et des incendiaires qui voulaient le partage des biens et la communauté des femmes, et qu'on ne pouvait avoir trop d'horreur pour eux, et pour Ledru-Rollin et les autres républicains qui s'étaient faits leurs complices. Cependant ces persécutions furent rarement sanglantes ; c'était la répétition avant la pièce, parade bouffonne par laquelle la réaction préludait à un drame sanglant.

Ce fut dans ces circonstances qu'eurent lieu les élections pour l'Assemblée nationale. Tout devait faire supposer que le suffrage universel serait faussé dans cette première épreuve ; le résultat dépassa les espérances des royalistes. Des provinces tout entières votèrent sous la direction du clergé ; des prêtres recommandaient en chaire des candidats royalistes et dévouaient à l'enfer les candidats républicains et leurs électeurs. Puis, au jour des élections, ils marchaient en tête de leur troupeau et surveillaient le dépôt des votes. A l'influence du curé s'ajoutait partout celle du maire, et, pour les ouvriers, celle du patron.

Quant à l'armée, en l'appelant à exercer les

droits électoraux, on n'avait voulu que faire pencher la balance en faveur des candidats du pouvoir ; aussi, au lieu de laisser les soldats voter librement avec le reste du Peuple, les fit-on voter séparément, disciplinairement, sous la direction de leurs chefs. M. Armand Marrast avait transmis des listes de candidats aux chefs de corps qui se trouvaient à Paris.

Il résulta de tout cela que, non-seulement les députés de la gauche dynastique, mais presque tous les satisfaits furent élus. Il y eut de plus d'anciens rédacteurs du *National*, portés chacun sur les listes officielles de huit ou dix départements, quelques curés et quelques évêques, — le clergé, qui disposait de tant de voix, pouvait bien s'en adjuger quelques-unes. — Enfin, un grand nombre de généraux, vu le penchant inné de l'esprit français pour les oripeaux militaires; il y eut surtout des propriétaires et des capitalistes. Le Gouvernement provisoire ayant décrété que 25 francs par jour seraient alloués à chaque représentant, ce titre devint une position fort recherchée, et la bourgeoisie traita les élections avec autant d'intérêt qu'une affaire de bourse.

Le parti républicain fondait de grandes espérances sur les élections du département de la Seine, qui devait nommer à lui seul trente-quatre représentants. Les délégués des clubs et des corporations d'ouvriers s'entendirent pour former une liste, qu'ils recommandèrent aux suffrages populaires. Cette liste contenait vingt noms d'ouvriers et quatorze noms de socialistes et de démocrates connus, la plupart anciens détenus politiques. On s'abstint de porter ceux de Blanqui et de Cabet, que les intrigues de la réaction avaient réussi à déconsidérer aux yeux d'une partie du Peuple. Malgré cette exclusion, la liste républicaine eut peu de succès; aucun de ses ouvriers ne fut élu; en revanche, les ouvriers millionnaires, que les journaux royalistes avaient appuyés pour se donner un vernis de républicanisme, furent tous admis. Les membres du Gouvernement provisoire et les ministres furent tous élus à Paris; on eut si peur d'en oublier qu'on porta jusqu'au libraire Pagnerre, devenu secrétaire du gouvernement. Les membres démocrates et socialistes du gouvernement eurent beaucoup moins de voix que leurs collègues; le complot réactionnaire du 16 avril portait ses fruits.

Les élections de Paris se passèrent sans trouble ; il en fut de même partout où le Peuple avait été armé. Mais, dans la plupart des villes où la garde nationale était restée exclusivement bourgeoise, des désordres se produisirent, suivis quelquefois de luttes sanglantes. Les manœuvres électorales des royalistes, les fraudes commises par les individus chargés de recevoir et de dépouiller les bulletins de vote, irritaient le Peuple quand il parvenait à les découvrir. A Limoges, le Peuple envahit la salle où s'opérait le dépouillement, brisa l'urne et brûla les bulletins. Les gardes nationaux se rassemblent sans être convoqués et chargent leurs fusils ; quelques-uns tirent même des coups de fusil et chargent le Peuple à coup de baïonnettes. Aussitôt les ouvriers saisissent des bâtons et des pierres, s'emparent des postes, et, en quelques minutes, les armes des gardes nationaux sont distribuées entre les ouvriers.

Des membres de l'ancien comité nommé par le commissaire du Gouvernement s'établirent à la Préfecture et s'entourèrent d'ouvriers. Le premier acte de ce comité fut d'ordonner un recensement des armes et de les distribuer par la voie du sort entre tous les citoyens. En même temps des postes d'ouvriers s'établirent au siége des principales autorités, des patrouilles circulèrent dans la ville, et l'ordre fut admirablement conservé à la suite de cette pacifique victoire du Peuple.

Il n'en fut pas de même à Rouen; là le Peuple fut vaincu, et la victoire de la bourgeoisie fut sanglante et suivie de nombreuses proscriptions. Depuis Février, les provocations des réactionnaires n'avaient pu lasser la patience des ouvriers. Les autorités républicaines étaient insultées et méconnues, la désobéissance et la révolte prêchées ouvertement; on sciait les arbres de la liberté, les gardes nationaux fondaient des balles et fabriquaient des cartouches. On a retrouvé dans les blessures des ouvriers des chevrotines, des lingots de cuivre et de fer préparés pour la guerre civile. On répétait à tout propos qu'il fallait en finir avec les ouvriers.

La lutte commença par des violences exercées par la garde nationale contre des bandes d'enfants qui chantaient la *Marseillaise*, et dont les plus âgés avaient à peine quatre ans; ils furent bousculés et renversés; l'un d'eux fut frappé au ventre par un grenadier. Ces enfants se répandent aussitôt dans la ville en criant : On nous assassine! aux armes! à la trahison! Des groupes nombreux se forment, la garde nationale se range en bataille sous le péristyle de l'Hôtel-de-Ville, et charge ses armes sans ordres des chefs. Le commissaire central, Prosper, défend de se servir des armes sans ordres; on le menace de le fusiller. Un capitaine nommé Douche, sans consulter l'administration, ordonne aux dragons de charger le Peuple; puis, rencontrant un garde national arrêté par erreur dans la foule, le frappe par derrière d'un coup d'épée et l'étend raide mort.

Le bruit de cet assassinat se répand dans la ville, et, ne songeant plus qu'à se défendre contre l'invasion de la garde nationale armée, le Peuple élève des barricades dans la rue de Robec, dans la rue Martainville et les quartiers environnants. La garde nationale et la ligne font feu sur les ouvriers; ceux-ci n'avaient pas d'armes et ne pouvaient riposter qu'à coups de pierres. Cependant, retranchés derrière leurs barricades, ils offraient une vigoureuse résistance ; la fusillade dura jusqu'à minuit.

De nouvelles barricades s'élevèrent dans la nuit, et le lendemain, dès trois heures, le rappel fut battu et la lutte recommença ; partout la bourgeoisie et la troupe la poursuivirent avec un acharnement remarquable, tirant sur toutes les fenêtres, s'attaquant à des citoyens inoffensifs, tuant sans prétexte les premiers venus, des femmes enceintes, des petites filles, des mères qui voulaient emporter les cadavres de leurs petits enfants assassinés. On tirait sur des ambulances, on achevait des blessés, on défendait aux ouvriers de suivre les cercueils de leurs frères ; on tua une femme qui portait un enfant à la mamelle. Les détails de ces tristes événements sont restés longtemps inconnus, l'enquête demandée par les républicains ayant été dirigée contre eux. Le plaidoyer de M. Théodore Bac, représentant du Peuple, est venu enfin révéler ces horribles massacres.

Ne pouvant triompher de la résistance du

Peuple, la garde nationale et la troupe firent avancer le canon. Des boulets furent lancés contre la barricade de la porte Guillaume-Lion et les maisons voisines où les ouvriers s'étaient retranchés. La lutte devenait trop inégale pour ceux-ci; ils demandèrent à parlementer, et furent forcés à la fin de se soumettre sans condition. Ils détruisirent eux-mêmes leurs barricades. M. Deschamps, commissaire du Gouvernement, et le maire provisoire de Rouen, parcoururent les rues de la ville; mais à peine furent-ils partis que le combat recommença. L'insurrection, qui s'était d'abord concentrée dans la partie orientale de la ville, s'étendit bientôt sur la rive gauche, dans le faubourg Saint-Sever; mais le canon finit par abattre les dernières barricades, et les ouvriers se retirèrent dans la plaine, poursuivis par les balles de la garde nationale et de la troupe; on voyait des hommes portant la carnassière et le fusil de chasse à deux coups, se donner le plaisir de la chasse aux ouvriers. D'après M. Th. Bac, pas une goutte de sang de la garde nationale ne coula.

Après le combat commencèrent des violences

et des arrestations sans nombre pour lesquelles la garde mobile prêta son concours à la bourgeoisie. Tous ceux, qui par leurs discours, paraissaient blâmer les fureurs de la garde nationale contre une population sans armes, étaient traînés dans les prisons au milieu des vociférations, des coups et des injures. Les deux adjoints de la ville furent sur point d'être assassinés par les gardes nationaux qui vinrent les saisir. Des citoyens furent incarcérés uniquement pour leurs opinions républicaines, notamment Mathieu d'Épinal, dont le seul crime était d'avoir été détenu politique sous la monarchie. On arrêta quelques personnes pour de simples allées et venues dans les rues.

Ces proscriptions étaient dirigées par le procureur général Franck-Carré, fameux sous la monarchie par l'acharnement de ses réquisitoires contre les républicains; il avait donné sa démission depuis deux jours, il la reprit lorsqu'il vit une occasion de poursuivre encore la démocratie.

Les massacres de Rouen, car c'est le nom que le Peuple leur laissa, furent le dernier événement qui signala le passage du Gouvernement provisoire, et l'inévitable conséquence de la marche rétrograde qu'il avait suivie. Après deux mois de dictature il laissait la France divisée et mécontente, la République compromise, la banqueroute imminente, la misère croissante, les partis monarchiques relevant la tête, le fédéralisme et la guerre sociale inévitable.

A l'extérieur, la situation n'était pas plus belle. Après Février, tous les peuples s'étaient ébranlés : l'Allemagne aspirait à l'unité et à la liberté, la Pologne, l'Italie, l'Irlande s'étaient levées pour l'indépendance, les nationalités hongroise, slave, roumane, avaient cherché à se reconstituer au milieu de la décomposition de l'Autriche.

Maintenant ce magnifique mouvement s'arrêtait; les bandes républicaines parties pour la Belgique, le Rhin et les Alpes, avaient été décimées, dispersées ou emprisonnées; la Lombardie se jetait de désespoir dans les bras d'un roi deux fois parjure; l'Autriche, galvanisée, reprenait une vie factice; le roi de Prusse, obligé un jour de révolution de saluer le drapeau polonais et les cadavres des martyrs de la liberté, s'appuyait maintenant sur une armée réactionnaire, et la Russie menaçait d'étouffer la Romanie et d'absorber la Slavie tout entière.

Tels étaient les fruits de la propagande pacifique de M. de Lamartine. Les espérances des Peuples et les terreurs des pouvoirs oppressifs s'étaient dissipées en voyant les progrès de la réaction en France; on avait cru à une révolution sérieuse, tout se bornait à un changement de cabinet.

CHAPITRE IX.

Réunion de l'Assemblée nationale. — Acclamation unanime de la République. — Le Gouvernement provisoire rend ses comptes. — On lui vote des remerciments. — Protestation de Barbès. Création d'une commission exécutive. — Exclusion des socialistes. — Précautions prises par l'Assemblée contre le Peuple. — Impuissance de la Montagne.

C'est dans ces circonstances que le Gouvernement provisoire remit le pouvoir aux mains d'une assemblée qui, au lieu de réparer ses fautes, devait les aggraver encore et précipiter les catastrophes.

Ce fut le jeudi 4 mai que l'Assemblée nationale se réunit pour la première fois dans la salle provisoire qui lui avait été construite dans la cour de l'ancienne chambre des députés. Les partis se trouvaient dessinés d'avance par la place qu'ils occupaient. Les anciens députés se placèrent à la droite et au centre, les républicains démocrates et socialistes, qui formaient à peu près un dixième de l'Assemblée, à gauche, surtout aux bancs supérieurs, qu'on appela bientôt les bancs de la Montagne : nom trop glorieux et trop lourd pour les républicains de notre époque ; la Montagne de la Convention n'eût pas laissé périr la République ; réduite à quelques hommes, elle défendit jusqu'à la mort les principes de la Révolution.

Le Gouvernement provisoire, parti du ministère de la justice, suivit à pied les boulevards jusqu'à la place de la Révolution. Sur son passage la bourgeoisie criait : Vive Lamartine ! Le Peuple, pour qui ce jour n'était pas une fête, se taisait. Le Gouvernement entra dans la salle des séances, prit place sur les bancs inférieurs, puis, par l'organe de son président Dupont (de l'Eure), remit ses pouvoirs aux mains de l'Assemblée nationale.

On craignait que l'Assemblée se crût le droit

de mettre en question la République; c'eût été proclamer la guerre civile. Mais les partis n'avaient pas encore pu se compter; chacun craignait les regards de son voisin, et d'ailleurs le Peuple était là. Aussi tout le monde se leva pour adopter la proclamation suivante, proposée par des représentants de la Seine :

« L'Assemblée nationale,

« Fidèle interprète des sentiments du Peuple qui vient de la nommer,

« Avant de commencer ses travaux,

« Déclare, au nom du Peuple français et à la face du monde entier, que la République, proclamée le 24 février 1848 est et restera la forme du gouvernement de la France.

« La République que veut la France a pour devise : Liberté, Egalité, Fraternité.

« Au nom de la patrie, l'Assemblée conjure tous les Français de toutes les opinions d'oublier d'anciens ressentiments, de ne plus former qu'une seule famille. Le jour qui réunit les représentants du Peuple est pour tous les citoyens la fête de la concorde et de la fraternité. Vive la République ! »

Cependant, le Peuple attendait au dehors avec une certaine anxiété. Le général Courtais engage les représentants à venir saluer la République sous le péristyle du palais ; l'Assemblée entière se lève et se rend sur les marches devant la foule ; un immense cri de Vive la République retentit sur le pont et sur la place de la Révolution. Le Peuple eut encore un jour de confiance.

« Croyez-vous aux miracles, disait le lendemain un journal républicain, croyez-vous aux conversions ? L'Assemblée nationale tout entière a crié : Vive la République ! Quand Barbès a agité sa main loyale, on a vu se lever des mains royalistes qui ont peut-être signé sa condamnation. Les bourreaux ont crié comme les martyrs. »

Après la nomination du président Buchez, nomination peu significative et qui ne faisait qu'ajourner la lutte des partis, l'Assemblée entendit les rapports des membres du Gouvernement provisoire sur les différentes parties de leur administration. Lamartine lut d'abord, au nom de Dupont (de l'Eure), un résumé général des actes accomplis depuis deux mois ; dans cet éloquent plaidoyer, il fut assez juste pour faire honneur au Peuple, et au Peuple seul, de l'esprit d'ordre, de clémence et de modération qui avait fait la gloire de la Révolution de Février. Ledru-Rollin parla ensuite ; il se plaignit avec quelque amertume des attaques passionnées dont il avait été l'objet pendant qu'il poursuivait une tâche difficile, l'organisation du suffrage universel.

Les autres ministres exposèrent successivement les actes de leur gouvernement. L'Assemblée les écouta avec faveur et bienveillance : cependant bien des objections s'élevaient dans l'esprit des républicains, surtout quand Marie parla des ateliers nationaux, ce chaos qu'on avait préféré à une organisation sociale du travail, et quand M. Garnier-Pagès exposa les mesures qu'il jugeait bonnes et qu'il n'avait pas prises, la possession de la Banque et des chemins de fer par l'Etat, etc. Mais l'Assemblée avait gardé toute sa froideur pour Louis Blanc, qui, dans une brillante improvisation, résuma les travaux de la commission du Luxembourg. A la mauvaise humeur de la majorité de l'Assemblée, on put deviner dès-lors son ignorance profonde des questions sociales, et son indifférence complète pour les souffrances et les besoins du Peuple.

Lamartine parla le dernier ; cette fois en son nom. Il exposa avec éloquence la marche de la révolution européenne, et résuma la politique de la France en deux mots : Respect des nationalités, respect des gouvernements. L'Assemblée ne s'inquiéta pas de savoir si l'un était compatible avec l'autre, et applaudit avec enthousiasme les idées pacifiques de l'orateur ; trois représentants demandent qu'il soit déclaré que le Gouvernement provisoire a bien mérité de la patrie. Aussitôt Barbès monte à la tribune :

« Avant de laisser mettre aux voix cette proposition, s'écrie-t-il, je viens protester contre une foule d'actes qui ont été accomplis par le Gouvernement provisoire, et qui l'ont rendu impopulaire. Je citerai les massacres de Rouen... »

De violents murmures s'élèvent de la droite et du centre. On crie : A l'ordre ! à l'ordre !

« Je rappellerai, continue Barbès, les tueries de la garde nationale de Rouen. Je rappellerai le massacres des colonnes belges. Je rappellerai que rien n'a été fait pour l'Italie, pour la Pologne. Quand le Gouvernement se sera expliqué, on votera des remerciements ; en attendant, je proteste au nom du Peuple. »

Des imprécations couvrent la voix de Barbès ; le collègue de Franck-Carré, Sénard, vient lui répondre, il vante la modération de la garde nationale de Rouen, et prétend qu'on a bien exagéré le nombre des morts. Il était réservé à cet homme de glorifier tous les massacres.

Crémieux annonce qu'une enquête est commencée sur ces événements ; un membre propose à l'Assemblée de se déclarer satisfaite des explications. Barbès insiste : « Je demande, dit-il, qu'une enquête soit faite par une commission tirée de l'Assemblée, et non par des Franck-Carré ! »

De nouveaux cris s'élèvent ; l'Assemblée décide, à une immense majorité, que le Gouvernement provisoire a bien mérité de la patrie. Barbès et cinq ou six autres se lèvent seuls contre cette proposition.

Après ces remerciements votés au Gouvernement provisoire, il était permis de penser qu'on le laisserait chargé du pouvoir exécutif jusqu'au vote de la Constitution ; mais l'Assemblée tenait à se débarrasser des démocrates et des socialistes. Il fut décidé qu'on nommerait une commission exécutive de cinq membres. Louis Blanc serait nécessairement exclu ; quant à Ledru-Rollin, on espérait bien l'écarter aussi, mais Lamartine ne voulut pas se prêter à cette combinaison qui eût fait de lui, au yeux de tous, le chef de la réaction. Il fit de l'admission de Ledru-Rollin une question de portefeuille, comme on disait sous la monarchie. L'Assemblée s'en vengea comme un enfant boudeur, en donnant une leçon à Lamartine ; Ledru-Rollin et lui passèrent au scrutin secret après Arago, Marie et Garnier-Pagès. L'immense popularité bourgeoise de Lamartine s'écroula en un jour.

L'Assemblée avait décidé que les ministres seraient nommés en dehors de la commission exécutive et par elle ; de la sorte, les anciens ministres et les membres du Gouvernement provisoire rentrèrent tous au pouvoir, à l'exception de Louis Blanc et d'Albert, écartés comme socialistes. On compléta le nombre avec des rédacteurs du *National*.

Louis Blanc, après avoir déclaré que la commission du Luxembourg n'existait plus depuis la réunion de l'Assemblée, demanda qu'on s'occupât des besoins du Peuple par la création d'un ministère du travail, en annonçant toutefois qu'il resterait étranger au pouvoir jusqu'au vote de la Constitution. Malgré cette déclaration, l'Assemblée affecta de voir dans la proposition de Louis Blanc une préoccupation personnelle, et se contenta de nommer une commission chargée de faire une *enquête* sur le sort des travailleurs. L'Assemblée voulait savoir si les pauvres étaient réellement pauvres, pensant qu'il serait temps de songer à la guérison après qu'on se serait éclairé sur le mal, si mal il y avait. Jusque-là, du moins, on n'entendrait plus parler du Peuple, et l'Assemblée pourrait s'occuper de ses propres affaires.

Son premier soin fut de s'entourer de précautions contre le Peuple; elle mit à la disposition de son président toutes les forces militaires de la France, elle décréta que les pétitions ne pourraient lui être présentées que par un de ses membres, que jamais les pétitionnaires ne seraient admis à sa barre, etc. Elle s'occupa aussi du signe extérieur qui devait distinguer les représentants du reste des hommes dans les fêtes publiques, et d'une foule de petits détails d'intérieur, oiseux et insignifians, le tout au milieu de vociférations qui la faisaient ressembler à une bande d'écoliers indisciplinés. Il était notoire d'ailleurs que l'immense majorité était décidée, sinon à retourner au passé, au moins à s'opposer au developpement de la Révolution ; elle consentait seulement à faire l'épreuve d'une république bourgeoise et monarchique. Quant à la Montagne, bien qu'elle formât une imperceptible minorité, elle eût pu, si elle n'eût manqué d'ensemble et d'initiative, prendre dès les premiers jours la direction de l'Assemblée ; son plus grand tort fut de s'isoler du Peuple ; à l'exception de Barbès, aucun des représentants républicains ne se montrait dans les clubs.

CHAPITRE X.

Défaite générale de la révolution en Europe.—Massacre des Insurgés Polonais. — Huber organise une manifestation en faveur de la Pologne.
Journée du 15 mai.—Le Peuple se rend sans armes à l'Assemblée.— On lui barre le passage.—Il pénètre jusqu'à la place Bellechasse. Envahissement des tribunes et de la salle des séances.—Efforts de Louis Blanc pour contenir le Peuple.—Raspail lit une pétition en faveur de la Pologne.—Barbès engage l'Assemblée à délibérer et le Peuple à se retirer.

Cependant la situation du pays s'aggravait de jour en jour ; en même temps des nouvelles déplorables arrivaient de l'extérieur. Le soulèvement de la Pologne, qui avait suivi la révolution de Février, était sur le point d'être étouffé. La loi martiale avait été proclamée en Posnanie par le roi de Prusse, les corps-francs de Mieroslawski, après quelques victoires, avaient été exterminés; le massacre des insurgés polonais était organisé en Posnanie et en Gallicie, et la Pologne ne cessait d'implorer l'appui de la France. Aucune nation n'excita jamais plus de sympathies dans le Peuple que la Pologne; la royauté de Juillet avait été moins dépopularisée par ses lois oppressives que par son lâche abandon des Polonais. Aujourd'hui la question de l'honneur national se trouvait de nouveau posée, et le Peuple avait lieu de craindre que la honteuse politique de la monarchie ne prévalût encore.

Plusieurs clubs adressèrent des pétitions à l'Assemblée nationale au sujet des Polonais. Enfin, sur la demande d'un grand nombre de délégués des départements, arrivés à Paris pour assister à une fête que le Gouvernement provisoire avait annoncée, et même aussi de plusieurs démocrates irlandais, polonais, italiens et allemands, Huber, président du club des clubs, organisa une manifestation populaire en faveur de la Pologne. Le lieu, le jour et l'heure de la réunion furent indiqués publiquement. Bien qu'il fût convenu qu'on se réunirait sans armes, Barbès, dans la crainte de quelque désordre, essaya d'empêcher cette manifestation, ou du moins de l'ajourner, espérant que l'Assemblée la rendrait inutile en s'expliquant à l'égard de la Pologne. Malgré ses efforts, la manifestation fut fixée au lundi 15 mai. La veille encore, Barbès fit des efforts inutiles en vue d'un nouvel ajournement.

Dans la matinée du 15, une réunion nombreuse d'ouvriers sans armes et de délégués des principaux clubs part de la place de la Bastille; à onze heures le cortége se met en marche, précédé des bannières des clubs et des corporations, des drapeaux de quelques départements portés par les délégués, et des drapeaux de la Pologne, de l'Italie et de l'Irlande. Cette immense colonne se déroulait le long des boulevards dans le plus grand ordre; personne n'avait d'armes. Les seuls cris proférés étaient ceux de : Vive la Pologne, vive la République.

Il avait été convenu que le cortége s'arrêterait au pont de la Concorde, et qu'une députation de cinq délégués s'en détacherait pour aller présenter la pétition à l'Assemblée. Mais au moment où le Peuple arrivait sur la place de la Révolution, un détachement de la 1re légion, arrivant au pas de course, se mit en devoir de lui barrer le passage ; des explications eurent lieu, et le Peuple, exaspéré de l'attitude menaçante de la garde nationale, s'avança jusqu'au pont de la Concorde, occupé dans toute sa longueur par des gardes mobiles. Ceux-ci ouvrirent spontanément passage au Peuple et enlevèrent les baïonnettes de leurs fusils.

La députation s'avança par la rue de Bourgogne jusqu'à la place Bellechasse ; le Peuple la suivit. Le palais de l'Assemblée avait été garni de gardes nationaux par le général Courtais ; la cour du côté de la place Bellechasse en était remplie. Quand les délégués du Peuple se présentèrent, on les arrêta aux grilles ; ils insistèrent et furent maltraités ; l'un d'eux eut une côte luxée. Le Peuple prit fait et cause pour ses mandataires, et un grand nombre de citoyens passèrent par dessus les grilles pour protéger les délégués jusqu'aux portes de l'Assemblée. A ce moment un coup de feu partit dans la cour ; les gardes nationaux s'empressèrent de l'attribuer au hasard, mais le Peuple craignant une trahison, envahit aussitôt la cour, et la tête de la colonne, sans cesse poussée par ceux qui suivaient, pénétra, par les escaliers de la salle, jusques dans les tribunes publiques de l'Assemblée.

Le général Courtais parut sur le mur ; il protesta contre l'atteinte portée à la dignité de l'Assemblée et supplia le Peuple de se retirer. C'était demander l'impossible ; le général ne put se résoudre à faire tirer sur cette foule compacte et désarmée : mouvement d'humanité que les royalistes appelrent une trahison et qui faillit lui coûter la vie quelques heures après.

Déjà la salle des conférences avait été envahie ; un peloton de garde nationale qui gardait l'entrée de ce côté-là avait reçu l'ordre de croiser la baïonnette, mais loin d'exécuter cet ordre, il avait ouvert ses rangs à la foule.

A ce moment, après avoir entendu les interpellations adressées au Gouvernement au sujet de l'abandon de l'Italie, et la réponse équivoque du ministre des affaires étrangères, qui répétait, moins l'éloquence, les phrases de Lamartine sur la propagande pacifique, l'Assemblée écoutait d'un air distrait et préoccupé des interpellations analogues au sujet de la Pologne. Mais la voix de l'orateur était couverte par les bruits sans cesse croissants du dehors ; le cri de vive la Pologne devenait de plus en plus distinct ; bientôt il retentit dans la salle elle-même ; en même temps les drapeaux des clubs apparaissent dans les tribunes envahies. Les femmes qui s'y trouvaient poussent des cris d'effroi. Bientôt des citoyens se laissant glisser le long des galeries, descendent dans la portion de la salle réservée aux représentants.

Un grand nombre de députés, notamment le ministre Crémieux, supplient alors Louis Blanc d'user de son influence pour engager le Peuple à la modération.

Louis Blanc se décide à se mettre aux ordres de l'Assemblée ; il monte au bureau de la présidence et demande à Buchez ce qu'il doit faire. Buchez répond qu'il ne peut consulter l'Assemblée au milieu de ce tumulte.

« Alors, répond Louis Blanc, au nom de l'Assemblée et en votre qualité de président, m'autorisez-vous à intervenir ? »

Buchez répond d'une manière affirmative, en présence d'un des vice-présidents, Corbon. Aussitôt, Louis Blanc s'adresse à la foule ; il l'exhorte au calme, à la modération, au respect de sa propre souveraineté, personnifiée dans l'Assemblée. Enfin, pour contenir le Peuple, s'il en était temps encore, dans les limites de la plus stricte légalité, il offre de lire lui-même la pétition à l'Assemblée.

On lui répond : « Non ; pour conserver le principe, il faut que ce soit un de nous qui la lise. » — D'ailleurs, le bruit s'était répandu au dehors que le Peuple avait été admis dans la salle des séances, et la foule se pressant de plus en plus, les artilleurs de la garde nationale ouvrirent les portes communiquant directement avec l'enceinte ; les délégués des clubs, Sobrier, Blanqui, Raspail, Huber sont portés par le Peuple jusqu'à la tribune ; de toutes parts retentissent les cris : Vive la Pologne ! vive la République démocratique et sociale ! Cependant, dans la salle comme dans les tribunes, tous les hommes du Peuple avaient la tête découverte par respect pour la représentation nationale.

Le tumulte s'accroît de minute en minute ; un grand nombre de représentants quittent leurs places, mais il était impossible de sortir. Le président Buchez se couvre, puis se découvre un instant après, et cherche à se faire entendre du Peuple. Barbès et Clément Thomas se disputent la tribune. Enfin, profitant d'un instant de silence, Raspail lit, sur l'invitation de Buchez, la proclamation suivante :

« Citoyens représentants,

« Nous sommes ici au nom de trois cent mille hommes qui attendent à votre porte. C'est en leur nom et en celui des délégués des clubs que nous vous présentons la pétition dont la teneur suit :

« Considérant :

« 1° Que la conquête de nos libertés sera en péril tant qu'il restera en Europe un Peuple qu'on opprime ;

« 2° Que le devoir d'un Peuple libre est de voler au secours de tout Peuple opprimé, vu que la loi de fraternité n'est pas une loi sociale, mais une loi humanitaire ; que tous les Peuples sont frères au même titre que les citoyens entre eux, comme enfants d'un même Dieu sur la terre ;

« 3° Que si tel est le devoir de la France envers les Peuples opprimés, ce devoir sacré et imprescriptible devient plus impérieux encore envers les Peuples qu'on égorge ;

« 4° Que, dans un moment où notre victoire sur un gouvernement corrupteur avait donné un élan de liberté à tous les Peuples de l'Europe, notre politique égoïste et effrayée semble avoir prêté main-forte aux tendances liberticides des rois coalisés, et interdit tout espoir de secours aux peuples qui s'armaient de toutes parts pour reconquérir leur droit d'être libres ;

« 5° Que les peuples n'avaient levé le saint étendard de l'insurrection qu'en marchant sur nos traces et en comptant sur notre coopération ; que, vaincus, ils ont le droit de nous accuser de leur défaite ; que la victoire de leurs oppresseurs est une menace contre nos libertés publiques et une insulte aux principes que nous avons proclamés ;

« 6° Que l'Italie et l'Allemagne nous appellent

pour concourir au succès de leurs armes ; que la Pologne, la noble Pologne, notre sœur, dont les fers ont été rivés par la honteuse politique de nos dix-huit ans, nous somment, au nom de la justice et de la reconnaissance, de leur rendre leurs nationalités ;

« 7° Qu'un plus long retard serait de notre part une félonie et une trahison, car la Pologne est notre alliée, notre sœur, notre compagne d'armes, notre éternelle avant-garde contre les Peuples du Nord ;

« 8° Que notre jeune armée, honteuse de son inactivité, impatiente de nobles et saintes victoires, n'attend qu'un signe de la patrie pour aller renouveler les prodiges de l'Europe au profit de la liberté de tous ; que le nom de la Pologne réveille ses plus ardentes sympathies, qu'elle sent bien que c'est par là qu'elle doit commencer sa tournée en Europe, parce que c'est là que l'oppression est plus lourde et que nous avons plus de torts à réparer ;

« Par ces motifs, et dans l'intérêt de nos institutions républicaines, au nom de la Providence des Peuples et de l'honneur du pays, le Peuple demande par acclamation à l'Assemblée nationale qu'elle décrète incontinent :

« 1° Que la cause de la Pologne sera confondue avec celle de la France;

« 2° Que la reconstitution de la nationalité polonaise doit être obtenue à l'amiable ou les armes à la main;

« 3° Qu'une division de notre vaillante armée soit tenue prête à partir immédiatement après le refus qui serait fait d'obtempérer à l'ultimatum de la France. Et ce sera justice, et Dieu bénira le succès de nos armes. »

Le Peuple tout entier crie : « Vive la Pologne ! Qu'on délibère immédiatement ! »

« La pétition est déposée sur le bureau, dit le président. Je vous invite à laisser l'Assemblée délibérer librement sur cette grave question. — Nous ne voulons pas attendre ! dit le Peuple. Un décret ! un décret ! »

Barbès monte à la tribune; il est accueilli par des acclamations.

« Citoyens, dit-il, vous êtes venus exercer votre droit de pétition; ce droit vous appartient désormais et ne pourra jamais vous être contesté. Je demande que l'Assemblée prenne en considération la pétition du Peuple, qu'elle déclare qu'elle s'y associe, et que le Peuple de Paris a bien mérité de la patrie ! Mais, pour que l'Assemblée ne paraisse pas violentée, il faut dans ce moment que vous vous retiriez. »

C'est par les mêmes paroles que Vergniaud avait sauvé un jour la Convention ; si on eût appuyé la proposition de Barbès, le Peuple se serait retiré avec des cris d'enthousiasme ; mais les représentants restés dans la salle demeuraient muets et immobiles sur leurs bancs. Cette inertie irritait le Peuple : « Qu'on délibère, criait-il, nous attendons la réponse ! »

CHAPITRE XI.

Blanqui demande au nom du Peuple le rétablissement de la Pologne, une enquête sur les massacres de Rouen et des lois en faveur du travail.—Ledru-Rollin promet satisfaction au Peuple.—Les délégués des clubs cherchent à faire évacuer la salle.—Buchez donne l'ordre de faire cesser le rappel.—Derniers efforts de Barbès et de Louis Blanc pour faire sortir le Peuple.— Huber prononce la dissolution de l'Assemblée nationale.

A ce moment, Blanqui ayant été aperçu près de la tribune, des voix nombreuses l'engagèrent à prendre la parole. « Au nom de la majesté du Peuple, s'écrie un ouvrier, je demande le silence, écoutez le citoyen Blanqui. » Alors Blanqui, s'appuyant sur les épaules de deux hommes du Peuple, laissa lentement tomber ces paroles ironiques et sévères, sans que ce tumulte altérât le calme de sa voix et la pâleur de ses traits :

« Citoyens représentants, le Peuple demande le rétablissement de la Pologne dans les limites de 1772 ; il demande que l'Assemblée nationale décrète sans désemparer que la France ne mettra l'épée au fourreau que lorsque la Pologne tout entière sera reconstituée dans ses vieilles limites de 1772, et brillera de nouveau, comme une nation grande et indépendante, au soleil de l'Europe.

« Le Peuple, citoyens représentants, demande qu'il ne soit pas employé de moyens dilatoires pour reculer l'avénement du jour où la Pologne tout entière sera de nouveau, à l'extrémité de l'Europe, l'alliée et le bouclier naturel de la France.

« Le Peuple connaît les obstacles qui doivent s'opposer aux armes françaises ; mais il compte que l'Assemblée nationale se souviendra de la gloire de sa devancière. Qu'elle ne craigne pas d'affronter la mauvaise humeur de l'Europe ; elle sait que devant sa seule volonté, fermement exprimée et appuyée d'une armée française sur le Rhin, tous les obstacles que la diplomatie pourrait lui opposer tomberont d'eux-mêmes, afin que l'ancienne Pologne, la Pologne de 1772, — le Peuple rappelle cette date, — la Pologne de 1772 soit rétablie dans ses limites depuis la Wartha jusqu'au Dnieper, et depuis la Baltique jusqu'à la mer Noire.

« Citoyens, le Peuple compte que l'Assemblée nationale n'hésitera pas devant un aussi grand but ; qu'elle ne se laissera pas tromper ni intimider par les menaces de la diplomatie ; le Peuple est derrière elle ; il ira en masse aux frontières sur un signe de sa main...

« Ces cris qu'elle entend d'ici, et qui peut-être lui paraissent menaçants, ne sont que des cris de : Vive la Pologne ! et ils se changeront en acclamation en son honneur dès l'instant où l'Assemblée nationale aura prononcé la phrase sacramentelle que le Peuple attend, — qu'il attend, citoyens, et que vous lui donnerez.

« Tous les partis, citoyens, ne l'oubliez pas, sont d'accord pour cette grande œuvre. Ce n'est pas ici un parti, une fraction de parti qui vient de vous parler, c'est le Peuple tout entier, le

Peuple parmi lequel il y a des divisions sans doute pour les questions intérieures, mais qui est toujours unanime pour la question de la Pologne.

« Dans votre sein, citoyens, pas plus que dans le sien, il ne pourra se rencontrer de division sur un pareil terrain, et, pour voter la déclaration de guerre aux oppresseurs de la Pologne, il n'y aura plus ici ni droite, ni gauche, ni centre ; il n'y aura qu'une assemblée française qui, sur un pareil sujet, n'a qu'une seule pensée, qu'une seule volonté, qu'un seul désir.

« Citoyens, le Peuple vient aussi vous demander justice ; il vient vous demander justice d'événements cruels qui se sont passés dans une ville qui est maintenant aux portes de la capitale, par la promptitude des communications. Le Peuple sait qu'au lieu de panser les cruelles blessures qui ont été faites dans cette ville, on semble prendre plaisir à les envenimer tous les jours, et que ni la modération, ni la clémence, ni la fraternité n'ont succédé aux fureurs des premiers jours, même lorsque trois semaines se sont écoulées depuis ces sanglantes collisions ; il sait que les prisons sont toujours pleines; il demande que ces prisons soient vidées; il demande que s'il y a quelqu'un à punir, ce ne soient pas les victimes des massacres, mais leurs auteurs. »

Le Peuple applaudit, et, de tous côtés, part le cri de : Justice ! justice !

« Le Peuple demande aussi, continue Blanqui, que vous pensiez à sa misère. Il a dit qu'il avait trois mois de souffrance à offrir à la République. Ces trois mois sont bientôt écoulés, et il est possible, il est probable qu'on lui en demandera d'autres.

« Le Peuple réclame de l'Assemblée nationale qu'elle s'occupe instamment et sans désemparer d'une manière continue, de rétablir les moyens de travail, de donner de l'ouvrage et du pain à ces milliers de citoyens qui en manquent aujourd'hui.

« Le Peuple, citoyens, sait fort bien qu'on lui répondra que la première cause de ce manque de travail, ce sont précisément ces mouvements populaires qui agitent la place publique, et qui jettent la perturbation dans le commerce et l'industrie. Sans doute, citoyens, il peut y avoir quelque chose de vrai là dedans ; mais le Peuple sait bien, par un sentiment d'instinct, que ce n'est pas là la cause première, la cause principale de la situation déplorable où il se trouve aujourd'hui. Le manque de travail, la crise commerciale datent d'avant la révolution de Février ; elles datent de plus loin, elles ont des causes profondes, sociales : ces causes doivent être signalées à l'Assemblée : le Peuple a vu, avec une certaine douleur, que des hommes qu'il aimait ont été, pour ainsi dire, systématiquement écartés des conseils du Gouvernement. Cela a ébranlé la confiance. »

Un représentant interrompt Blanqui. « Revenez à la Pologne, » lui dit-il.

« Je reviens à la Pologne : ce n'est qu'incidemment que cette question du travail et de la misère du Peuple a été soulevée ici. Je dois dire, citoyens, que le Peuple ne vient pas ici principalement pour vous occuper de lui ; il vient pour vous occuper de la Pologne ; seulement il ne pouvait laisser passer cette occasion sans rappeler à ses représentants que lui aussi est malheureux, et que c'est là un nouveau point de similitude entre le Peuple de France et le Peuple de Pologne. Mais enfin, citoyens, après avoir un instant parlé de lui, le Peuple appelle votre attention tout entière sur la Pologne. Avant de se retirer, il vous demande de décréter, sans désemparer, que la France ne remettra son épée au fourreau qu'après avoir rétabli la Pologne. »

Ce discours avait été plusieurs fois interrompu par d'unanimes acclamations. Chacun s'était senti entraîner, comme Blanqui, à songer aux misères du Peuple, et aux cris de : Vive la Pologne! se mêlait déjà celui de : Vive l'organisation du travail! En même temps, malgré les efforts des délégués du Peuple, la foule affluait de plus en plus dans la salle ; on se pressait surtout aux abords de la tribune et du bureau ; plusieurs fois on entendit crier : « Citoyens! veillez au bureau du président : on donne des ordres pour amener de la troupe et nous faire égorger. » En effet, à ce moment, on croyait distinguer le son du rappel au milieu du tumulte du dehors.

Aussitôt un capitaine d'artillerie, qui se trouvait dans les rangs du Peuple, se place derrière le président qui cherche à rétablir le silence en agitant sa sonnette. Enfin Ledru-Rollin paraît à la tribune.

« Citoyens, dit-il, je ne parle pas ici comme membre du pouvoir exécutif, car je n'ai pu consulter mes collègues : je parle comme citoyen, comme représentant du Peuple : vous avez fait entendre vos vœux pour la Pologne, et vos vœux pour la misère du Peuple : soyez convaincus que la fibre qui résonne dans votre cœur résonne également dans le nôtre, que, pas plus que vous, nous ne voulons de peuples opprimés sur la terre.

« Vous avez demandé que des mesures soient prises pour que le Peuple puisse vivre en travaillant. »

— Oui, s'écrie-t-on, le ministère du travail, l'exécution du décret du 25 février ! Vive Louis Blanc ! »

« Vous avez demandé enfin, continue Ledru-Rollin qu'aujourd'hui le rappel ne soit pas battu. »

— C'est vous, lui crie-t-on, qui l'avez fait battre au 16 avril ! Vous avez déjà trahi le Peuple ! »

« Je fais appel, reprend Ledru-Rollin, au bon

sens du Peuple de Paris qui ne veut pas être trompé, qui veut des garanties, mais qui a le sentiment de la justice et des convenances, vous concevez qu'il est impossible à une assemblée de délibérer au milieu du tumulte. »

— Vous avez bien délibéré le 24 février, répond le Peuple, votez par acclamation. »

Ledru-Rollin se retire, voyant ses paroles aussi impuissantes que celles de Barbès. Cependant Raspail, Sobrier et les autres délégués des clubs, faisaient des efforts inouïs pour faire évacuer la salle. « Je ne reconnais pas pour républicains, dit Raspail, ceux qui persistent à rester dans l'Assemblée. » Huber s'approche du président et revient annoncer qu'on lui a donné parole de laisser défiler tout le Peuple devant la tribune. Enfin, Barbès tente un suprême effort pour obtenir le départ du Peuple et faire sortir, s'il se pouvait, l'Assemblée de son inconcevable torpeur.

« Citoyens représentants, dit-il, le Peuple qui est à vos portes demande à défiler devant vous. Je demande que vous le lui accordiez, et que, de plus, pour montrer que vous vous associez à ses vœux, nous descendions, nous, les représentants du Peuple, pour lui dire que la cause de la Pologne est la nôtre, et que, partout où il y aura des opprimés, la France interviendra. »

Peut-être l'Assemblée se fût-elle rendue à ces paroles et eût-elle conquis à l'instant même une immense popularité, si Barbès n'avait eu la maladresse d'ajouter que, pour subvenir aux frais d'une guerre, il faudrait prélever un impôt exceptionnel *sur les riches*. Assurément Barbès eût mieux fait, dans l'intérêt de la cause populaire, de demander que cet impôt fût prélevé sur les pauvres. L'idée d'imposer les riches parut monstrueuse à la bourgeoisie et à ses représentants. Les journaux royalistes attribuèrent au Peuple, après ce mot de Barbès, les exclamations les plus furieuses : « Non ! c'est pas ça ! deux heures de pillage ! la guillotine ! » Il est fâcheux d'avoir à ajouter que le Gouvernement fit placer dans le *Moniteur* ces niaises calomnies contre un Peuple qui avait aboli l'échafaud et monté la garde en haillons devant les hôtels des riches.

Les représentants quittaient peu à peu la salle ; ceux qui restaient gardaient cette immobilité passive qu'ils prenaient pour de la dignité. Le Peuple attendait toujours une réponse, et, malgré ses délégués, refusait de sortir avant de l'avoir obtenue. Enfin Raspail dit à ceux qui envahissaient la tribune : « Une dernière fois, au nom de la République, de la fraternité et de la liberté, je vous supplie de sortir ; je ne suis plus avec vous si vous ne quittez pas la salle. » Après ces paroles, il sortit lui-même, ne voulant pas consacrer par sa présence ce qu'il regardait comme une violence faite à l'Assemblée.

Un petit nombre de personnes le suivirent, tandis qu'il en entrait à chaque instant de nouvelles dans la salle et dans les tribunes. La plupart étaient seulement des curieux. Une des tribunes fléchissait sous le poids du Peuple qui l'encombrait. La chaleur était insupportable. Huber, malade, il est vrai, et affaibli par sa longue captivité, s'évanouit pendant une demi-heure.

L'exaltation des esprits n'avait plus de bornes. Aucune tentative de désordre n'eut lieu contre les représentants, mais si la garde nationale se fût présentée dans ce moment, l'irritation du

Peuple eût amené une lutte fatale pour les membres de l'Assemblée eux-mêmes. Il était à craindre que Courtais n'eût fait battre le rappel ; et, en effet, à ce moment le bruit du tambour devenait plus distinct et semblait se rapprocher. Épouvanté des conséquences d'une lutte, Barbès s'élance à la tribune : « Pourquoi bat-on le rappel ? s'écrie-t-il. Qui a donné l'ordre de battre le rappel ? Que celui qui l'a donné soit déclaré traître à la patrie ! »

« On nous trahit, s'écrie en même temps le Peuple ; on veut nous tuer ici ! Qu'on donne ordre de ne plus battre le rappel. »

Aussitôt, le président Buchez, d'après le conseil du questeur Degousée, écrit sur plusieurs feuilles l'ordre de cesser de battre le rappel. Cet ordre, passé de main en main, est porté hors de de l'Assemblée par Charras et Étienne Arago, et au bout de peu de temps le bruit du tambour cesse de se faire entendre, et le Peuple se rassure. Mais pendant que les chefs des clubs faisaient évacuer la salle, il fallait arrêter les nouveaux flots de population qui se pressaient du dehors.

Les huissiers et les garçons de salle venaient à

chaque instant avertir Louis Blanc qu'une foule immense se pressait dans la cour donnant sur la rue de Bourgogne, que cette foule le demandait à grands cris, et menaçait de grossir violemment le flot qui déjà inondait la salle. Louis Blanc se refusa longtemps aux instances qui lui étaient faites; enfin, cédant aux sollicitations de plusieurs de ses collègues, et, fort d'ailleurs de l'assentiment du président, il se rend à une des fenêtres de la cour, Albert et Barbès se montrent à ses côtés. On leur tend un drapeau tricolore; Louis Blanc le saisit, et cherche à calmer par ses paroles l'exaltation du Peuple, qui faisait retentir la cour des cris de : Vive Louis Blanc ! Vive l'organisation du travail !

« On ne peut nier, dit Louis Blanc, la légitimité des vœux portant sur une plus équitable répartition des fruits du travail, sur l'extinction graduelle de la misère; mais les intérêts des travailleurs, soyez-en certains, ne seront pas abandonnés par l'Assemblée. Ce sera l'éternel honneur de la République d'avoir travaillé sans relâche à réaliser le droit de tous au bonheur, et s'il y a folie à élever trop haut sur ce point le niveau de son espérance, c'est là du moins une de ces folies sublimes auxquelles on est bien pardonnable de dévouer sa vie. C'est aussi un noble et touchant spectacle, citoyens, que celui d'un Peuple sortant de la préoccupation de ses propres douleurs pour s'occuper des souffrances d'un Peuple ami ; on reconnaît là le génie essentiellement généreux et cosmopolite de la France.

« Mais plus vos sentiments sont dignes de respect, plus il convient d'en présenter l'expression d'une manière légale et régulière. Je vous conjure, citoyens, de laisser l'Assemblée nationale à toute la liberté de ses délibérations. »

Après ces paroles, Louis Blanc voulut se retirer pour reprendre sa place au milieu de ses collègues ; mais il fut saisi par un groupe nombreux et emporté à travers la salle des Pas-Perdus, encombrée aussi par le Peuple. Déjà Lamartine avait essayé de s'y faire entendre, il avait félicité le Peuple de sa manifestation, mais sans pouvoir retrouver ses succès oratoires de Février. Quant à Louis Blanc, à peine l'eût-t-on aperçu qu'on voulut l'entendre. On apporta une chaise, on fit cercle autour de lui et on l'obligea à prendre la parole.

Il parla des conséquences de la Révolution de Février pour l'avenir politique de l'Europe, il rappela que la modération et la sagesse du Peuple avaient imposé cette Révolution à l'admiration du monde entier et devaient bientôt la rendre victorieuse de tous les rois; « car cette Révolution, dit-il en terminant, n'est pas de celles qui ébranlent les trônes, mais de celles qui les renversent. » Paroles qui furent cruellement dénaturées depuis.

La foule répondit à Louis Blanc par le cri de Vive la République universelle ! et, malgré sa résistance, le porta en triomphe jusque dans la salle des séances. Les royalistes de l'Assemblée, qui n'auraient jamais mérité une semblable ovation populaire, ne lui pardonnèrent pas d'exciter d'aussi ardentes sympathies.

Enfin, se dérobant à la foule qui se pressait autour de lui au point de l'étouffer, Louis Blanc parvint à retourner, accablé de fatigue, sur les bancs de la Montagne. Un ouvrier vint alors lui dire : « Vous n'avez plus de voix, mais si vous voulez écrire sur un morceau de papier qu'une dernière fois vous conjurez la foule de se retirer, peut-être parviendrai-je à lire ce papier assez haut pour être entendu. Louis Blanc trace à la hâte ces mots : « Au nom de la patrie, de la patrie républicaine ; au nom de la souveraineté du Peuple, je vous adjure de..... » Avant qu'il n'ait achevé d'écrire, Huber, revenu de son évanouissement, paraît à la tribune et s'écrie d'une voix solennelle :

« Citoyens ! l'Assemblée ne veut pas rendre réponse au Peuple ! eh bien ! moi, au nom du Peuple, au nom du Peuple trompé par ses représentants, je déclare que l'Assemblée nationale est dissoute ! »

Deflotte, lieutenant de vaisseau, un des délégués des clubs, s'élance à la tribune, repousse Huber et s'écrie avec force : « Non ! l'Assemblée n'est pas dissoute. Citoyens ! crions vive l'Assemblée nationale et retirons-nous ! »

Mais on ne put l'entendre au milieu de l'immense acclamation qui avait suivi les paroles d'Huber. Les représentants quittèrent leurs sièges, et les bannières des clubs, surmontées de crêpes noirs, flottèrent au milieu de l'Assemblée. Deflotte s'approcha d'Huber, et lui dit : « Tu es un homme de cœur, et cependant, tu viens de perdre ton pays. »

CHAPITRE XII.

Les Représentants quittent la salle des séances. — On propose un gouvernement provisoire. — Barbès et Albert sont entraînés à l'Hôtel-de-Ville par le Peuple. — La garde nationale ne leur oppose aucun obstacle.
L'Hôtel-de-Ville est envahi par la garde nationale. — Barbès et Albert sont traînés en prison.
Les Représentants rentrent à l'Assemblée. — Tentatives d'assassinat contre Courtais et Louis Blanc. — Louis Blanc à la tribune. — Clameurs des Représentants. — L'Assemblée essaie en vain de délibérer.

Le président se leva et sortit après les paroles d'Huber ; presque tous les représentants qui restaient encore dans la salle se disposaient à le suivre.

« Ne les laissez pas sortir ! cria-t-on. Ceux qui fuient le combat sont des traîtres ! On va venir nous fusiller s'ils ne sont pas avec nous ! Ils répondent pour nous. »

Les représentants s'échappèrent cependant par diverses issues et se réfugièrent à l'Hôtel de la Présidence.

Cependant, le tumulte de la salle était à son comble. Barbès et Sobrier furent portés en triomphe, malgré leur résistance. On proposa de former un nouveau gouvernement provisoire ; plusieurs listes de noms furent lues à la tribune au milieu du bruit. Enfin le Peuple sortit de la salle en tumulte, en criant : A l'Hôtel-de-Ville ! On voulut entraîner Barbès ; il résista longtemps. Mais ses amis étaient compromis ; il leur fallait un chef : il était digne de lui de se dévouer au danger de ce rôle. Albert fut également porté par le Peuple à l'Hôtel-de-Ville.

Ils traversèrent les ponts et les quais sans que les gardes nationaux qui y stationnaient leur opposassent la moindre résistance. Les gardes nationaux qui occupaient la place de l'Hôtel-de-Ville livrèrent également passage au Peuple. Mais le commandant Rey refusa énergiquement d'ouvrir la grille ; le Peuple l'escalada et pénétra dans l'Hôtel.

Le maire de Paris, Armand Marrast, s'y trouvait en ce moment, mais il se tint caché dans un cabinet. Barbès, Albert, et la portion du Peuple qui les avait conduits, s'installèrent dans une des salles de l'Hôtel-de-Ville, la même où s'était établi le Gouvernement provisoire le 24 février. N'ayant éprouvé nulle part de résistance, ils durent accepter le fait accompli, et s'occupèrent de maintenir la paix publique. Il fallait avant tout constituer un gouvernement provisoire; mais les citoyens proposés et acceptés par le Peuple n'étaient pas là, et ignoraient même l'usage qu'en ce moment on faisait de leurs noms. Des listes furent jetées sur la place par les hommes du Peuple qui occupaient les fenêtres.

Peu à peu, cependant, les gardes nationaux revinrent de leur stupeur; ils réfléchirent que les hommes qu'ils avaient laissé se rendre maîtres de l'Hôtel-de-Ville étaient sans armes; en même temps de nouveaux bataillons, auxquels Marrast avait expédié des ordres, débouchèrent sur la place aux cris de Vive l'Assemblée nationale! Bientôt l'Hôtel-de-Ville fut cerné de tous côtés, et les issues en furent gardées; quelques représentants parvinrent cependant à s'échapper. Barbès et Albert se rendirent sans aucune résistance. Ils furent saisis et traînés violemment en prison au milieu des cris de fureur des gardes nationaux, et, malgré leur inviolabilité de représentants du Peuple, ils échappèrent à peine aux sabres et aux baïonnettes à chaque instant dirigées contre leur poitrine.

Cependant, après la dissolution de l'Assemblée, la salle des séances n'avait pas été complétement évacuée : une foule de curieux y avait pénétré et l'occupait encore, lorsque le ministre des finances Duclerc et deux autres représentants y firent avancer des gardes mobiles, la baïonnette en avant. Néanmoins aucune collision n'eut lieu ; la garde mobile fraternisait avec ceux qui se trouvaient dans la salle. Quelque temps après arrivèrent des gardes nationaux qui, avec les gardes mobiles, firent sortir de la salle les dernières personnes étrangères à l'Assemblée qui l'occupaient encore. A leur suite rentrèrent les représentants qui s'étaient réfugiés à l'hôtel de la Présidence, et bientôt l'Assemblée, qui n'avait pas voulu délibérer en présence du Peuple sans armes, n'hésita pas à rentrer en séance au milieu des gardes nationaux armés.

A ce moment, le général Courtais entra dans la salle, et essaya de parler pour se justifier ; mais aussitôt les gardes nationaux poussent des cris furieux : « A bas Courtais ! A bas le traître ! » On le renverse du banc sur lequel il était monté, on s'élance sur lui : l'un lui arrache son épée et la brise, l'autre lui arrache ses épaulettes et l'en frappe au visage ; des baïonnettes sont dirigées contre sa poitrine, et, malgré son grade de général, son titre de représentant et ses cheveux blancs, il eût été assassiné en présence de l'Assemblée, si le ministre Flocon et plusieurs officiers de la garde nationale ne l'eussent entouré et protégé ; on l'emmena en lui faisant courber la tête, pour lui éviter les coups de crosse et de baïonnettes que les gardes nationaux cherchaient à lui porter ; deux des officiers qui le conduisaient furent blessés. Enfin ils parvinrent à le mettre en sûreté.

Ensuite ce fut le tour de Louis Blanc ; après s'être dérobé à la foule qui l'entourait et voulait le conduire à l'Hôtel-de-Ville, il était rentré chez lui en voiture ; puis, ayant appris que l'Assemblée était rentrée en séance, il s'était hâté d'aller y reprendre sa place. Mais, au moment où il entrait, il fut reconnu par des gardes nationaux, qui se précipitèrent sur lui en proie à un incroyable accès de rage ; les uns criaient : En accusation ! les autres : Il faut le tuer, ce sera plus tôt fait ! On lui arracha des poignées de cheveux, on mit son habit en pièces ; quelques-uns essayaient de le frapper par derrière à coups de baïonnettes ; il y en eut un qui, ne pouvant l'atteindre autrement, lui saisit la main et lui tordit les doigts.

Heureusement le général Duvivier, Larochejacquelein, quelques représentants et un délégué du Luxembourg, lieutenant de la garde nationale, vinrent à son secours. Il fut poursuivi jusque dans l'Assemblée, où il entra couvert de lambeaux. Il monta à la tribune : il y fut accueilli par des cris de fureur.

« Citoyens, dit-il, c'est votre liberté, c'est votre droit, c'est votre dignité que je viens défendre en ma personne... »

On lui répond par une explosion de murmures : « A l'ordre ! vous insultez l'Assemblée ! assez ! descendez de la tribune.

— Ce que j'affirme, continue Louis Blanc, c'est que j'ignorais de la manière la plus absolue ce qui devait se passer ici aujourd'hui ; je l'affirme sur l'honneur.

— Vous n'en avez pas, lui crie-t-on.

— Jamais ni la crainte des violences, ni la crainte de la mort ne me fera refouler ce qu'il y a dans ma conscience. Je vous dirai donc, au risque des exclamations que je pourrais soulever, que je ne suis pas de ceux qui approuvent la marche de cette assemblée. J'ai profondément regretté que dans votre règlement vous ayez inséré un article qui place le Peuple sous le coup d'une suspicion. »

De violentes interruptions s'élèvent : « Assez ! à l'ordre ! Vous posez beaucoup trop ! Vous ne parlez que de vous, c'est indécent ! Vous êtes à la tribune pour vous défendre, défendez-vous ! »

« Je sens, aux exclamations que je soulève, dit Louis Blanc, que j'ai ici beaucoup de convictions contre moi.

— Plus que cela !

— Je ne crois pas qu'il y ait plus que cela, il ne peut pas y avoir de la haine.

— Non ! mais du mépris.

— Quant à moi, je n'ai aucun sentiment de haine à l'égard de ceux qui ne partagent pas mes opinions.

— A la question !

— M'y voici : je jure par tout ce qu'il y a de plus sacré que je n'ai absolument rien fait pour conduire le Peuple ici, bien que je partage complétement les sentiments que le Peuple a manifestés... »

Une explosion de cris : à l'ordre ! se fait entendre : Louis Blanc continue :

« J'ai toujours été l'homme du droit : je défie qu'on cite un mot de moi qui soit un appel à la violence. Hier, comme tout le monde, j'avais entendu parler de cette manifestation, et je l'ai déplorée ; et je l'ai dit à plusieurs de mes amis, que je suis bien aise de trouver l'occasion de défendre à cette tribune, parce que, si je ne le faisais pas, je serais un lâche.

— Vous l'êtes.

— Et parmi ces amis, je citerai Barbès,—oui Barbès ! et j'ajoute qu'Albert, que j'ai vu hier, était dans la même situation d'esprit que moi relativement à la manifestation d'aujourd'hui.

Rien au monde ne m'empêchera de dire ce qui est la vérité. »

On força Louis Blanc à quitter la tribune ; il invita publiquement par une lettre les insulteurs à se faire connaître. Cette lettre demeura sans réponse.

Cette séance, où, comme le dit, sans ironie, M. Lamartine, on délibéra à l'ombre des baïonnettes, où le roulement du tambour venait en aide à la sonnette du président, donnait un avant-goût de l'état de siége, ce régime de force aveugle et bestiale dont l'Assemblée se fit depuis un rempart permanent contre le Peuple. On commença par voter, sur la proposition de Lamartine, la reconnaissance de la patrie à la garde nationale, à la garde mobile ; à l'armée, puis, Armand Marrast ayant annoncé l'arrestation de Barbès et d'Albert, on justifia cette violation anticipée de leur titre de représentant, en décrétant, sur la réquisition des procureurs-généraux Portalis et Landrin, leur arrestation, ainsi que celle de Courtais.

On sut depuis que Portalis et Landrin avaient été, dans des conciliabules présidés par Jules

Favre au ministère de l'intérieur, les plus ardents promoteurs d'un renversement de l'Assemblée nationale.

Ensuite, vinrent des récriminations contre les montagnards et contre la Préfecture de Police ; en même temps, un grand nombre de représentants, qui avaient été plus longs que les autres à se rassurer, rentraient un à un dans la salle, et chacun des traînards voulait avoir l'initiative d'une proposition déjà votée.

— Je demande qu'on vote des remerciements à la garde nationale et à l'armée ! — C'est fait ! —Je demande qu'on décrète d'accusation Barbès et Albert !—C'est voté !—Je demande que Courtais soit déclaré traître à la patrie ! etc., etc.

Flocon, ministre de l'agriculture et du commerce, essaya de calmer cette effervescence. Malgré la modération de ses paroles, il fut assez mal reçu. Cependant, l'Assemblée sentit elle-même qu'elle n'était pas en état de délibérer, et, bien qu'elle se fût déclarée en permanence, la séance fut levée à neuf heures.

CHAPITRE XIII.

Arrestation de Sobrier.—Pillage de sa maison et de celle de Cabet.
—Quatre cents arrestations. — Les chefs de la démocratie enfermés à Vincennes.—Fête de la Concorde et de la Fraternité.—Fureur contre les clubs.—Les gardes nationaux tirent les uns sur les autres au passage Molière.
La Commission exécutive se met aux ordres de la réaction.—Ses insinuations contre Caussidière.—Rapport contre Louis Blanc.

On avait annoncé officiellement à l'Assemblée que Sobrier avait été arrêté au ministère de l'intérieur dont il s'était emparé. Il n'en était rien cependant, Sobrier avait été arrêté dans une maison de la rue du Bac, où il s'était retiré après la dissolution de la chambre, et conduit de là à la caserne du quai d'Orsay. En même temps, des gardes nationaux coururent au siège de son journal, rue de Rivoli ; on envahit sa maison, on brûla et on déchira les manuscrits, on brisa les meubles, on but le vin qui était dans les caves, on se partagea l'argent, la vaisselle et les objets précieux ; toutes les personnes qui se trouvaient dans la maison furent saisies et mises en prison ; quelques jours après, en renvoya quelques couverts, après qu'on eut reconnu qu'ils n'étaient qu'argentés, et on livra à la publicité quelques papiers qu'on prétendait avoir trouvés chez Sobrier.

Le domicile de Cabet fut également envahi sans mandat et dévasté par la garde nationale. Cabet ne faisait pas partie de la manifestation du matin ; il adressa à Lamartine une protestation qui resta sans réponse. Une somme considérable fut volée chez Flotte, cuisinier, délégué du Luxembourg, par les gardes nationaux qui venaient l'arrêter. On envahit et on pilla aussi la maison de la sœur de Blanqui, qui demeurait à la campagne. Blanqui lui-même, bien qu'on eût annoncé officiellement la nouvelle de son arrestation, ne fut pris que quelques jours après. Raspail fut arrêté le soir à son domicile. Quant à Huber, le seul qu'en bonne justice on eut dû accuser de ce qu'on appela depuis l'épouvantable attentat du 15 mai, il parvint à se soustraire aux recherches.

Le nombre des arrestations s'éleva environ à 400. Un grand nombre de citoyens furent arrêtés uniquement pour leurs opinions républicaines, notamment Pierre Leroux. Les principaux accusés furent enfermés au donjon de Vincennes. Les prisons de la République se rouvrirent pour ceux qui avaient vieilli dans les prisons de la monarchie; la magistrature de Louis-Philippe poursuivit de nouveau les républicains qu'elle avait déjà condamnés, et qui ne s'étaient pas vengés au jour de leur victoire. On renouvela contre les précurseurs de la République les lentes tortures des cachots de Doullens et du Mont-Saint-Michel. Une chambre étroite, froide, humide, infecte, sans air et presque sans jour, fut la demeure que les membres du gouvernement républicain laissèrent à ces hommes, dont l'un, la veille encore, était leur collègue et les couvrait de la popularité de son nom. Bien que leur détention ne fût que préventive, les prisonniers ne prenaient jamais l'air, et le système cellulaire leur était appliqué dans toute sa lente cruauté. Mais ces hommes étaient nés pour le sacrifice et accoutumés au martyre.

On signa dans plusieurs légions de la garde nationale une pétition demandant le rétablissement de l'échafaud politique ; de fanatiques défenseurs de l'ordre s'engageaient à faire justice eux-mêmes de Barbès et de Courtais. On découvrit un complot organisé par des officiers pour fusiller Barbès. Ce fut au milieu de ces dispositions que le pouvoir exécutif fit célébrer une grande fête de la concorde et de la fraternité. Malgré la misère publique on dépensa un million pour cette fête dont la garde nationale eut naturellement les honneurs. La garde nationale était le véritable gouvernement du pays : tous ses désirs se traduisaient en votes de l'Assemblée ou en décrets de la commission exécutive.

Dans ses parades patriotiques, la garde nationale criait sans cesse : à bas les clubs ! Ce fut l'occasion d'un épisode sanglant qui termina la journée du 15. Des gardes nationaux de Charonne, conduits par un adjoint de la mairie, pénétrèrent violemment et, comme toujours, sans mandat et sans attendre l'arrivée du commissaire de police, dans une salle du passage Molière, que la société des Droits de l'Homme avait louée la veille, mais où elle n'avait pas encore siégé, les travaux d'appropriation étant à peine commencés. Des coups de feu partirent dans l'obscurité à la porte d'une pièce voisine de la salle principale. On eût pu croire que les sectionnaires, usant de leur droit, répondaient ainsi à cette violation nocturne de leur domicile. Mais on n'en put trouver aucun, quoiqu'on eût gardé toutes les issues ; force fut de reconnaître que les gardes nationaux avaient tiré les uns sur les autres. Le même malentendu se renouvela dans le passsage.

On ne trouva qu'un seul individu étranger à la garde nationale de Charonne. C'était un garde nationale du quartier, que son zèle avait porté à se joindre aux envahisseurs. N'étant reconnu par aucun d'eux, il fut saisi comme *clubiste et factieux*, renversé d'un coup de baïonnette et atteint de plusieurs balles.

Le lendemain, l'Assemblée nationale décréta des funérailles magnifiques aux gardes nationaux victimes de ce prétendu guet-apens ; elle envoya des délégués à leur enterrement et adopta leurs familles, à l'exception de celle du malheureux qui avait payé de sa vie son excès de zèle réactionnnaire.

La fureur contre les clubs n'eut plus de bornes. La commission exécutive en fit fermer deux de son autorité privée, savoir, la Société républicaine centrale, et le club des Amis du Peuple, qu'elle désigna, d'une façon assez impertinente, sous les noms de Club Blanqui et Club Raspail ; elle prit pour prétexte que ces clubs étaient armés ; assertion notoirement fausse. Elle crut avoir beaucoup fait ; mais le lendemain, un représentant nommé Isambert, proposa d'abolir tous les clubs sans exception.

La commission entoura l'Assemblée de troupes ; mais elle eut beau multiplier les canons et les baïonnettes, elle fut encore distancée. Pendant sa panique du 15, l'Assemblée avait appelé à son secours tous les gardes nationaux de la banlieue ; cet appel au fédéralisme fut entendu ; il en vint des départements les plus reculés : en route, ils apprenaient que Paris était parfaitement tranquille ; n'importe, il fallait bien venir aux frais de l'État crier vive l'Assemblée nationale ! Ce n'était pas trop de toutes les forces militaires de la France pour empêcher le sanctuaire de la représentation nationale d'être encore profané par les factions. l'Assemblée ne fut pas encore rassurée ; quelqu'un proposa de défendre tout attroupement dans un périmètre de 1,500 mètres autour de l'Assemblée ; il n'y eut pas d'exception pour les promeneurs des Tuileries.

La commission exécutive essaya de la flatterie ; elle se répandit en éloges sur la magnifique attitude des représentants dans la journée du 15, sur « la majesté rayonnante autour de leurs personnes et voilant de son éclat cette débauche factieuse que la gravité de l'histoire ne permettra pas même d'enregistrer » (*sic*) ; mais comment lutter avec les éloges pompeux, avec les couronnes civiques que l'Assemblée se décernait à elle-même avec une si intarissable complaisance?

La commission exécutive sentit bientôt que son existence était menacée et qu'il fallait se défendre : elle rédigea un rapport dans lequel elle énuméra longuement les précautions prises par elle le 15 contre l'envahissement de l'Assemblée ; elle rejeta lâchement toute la responsabilité du résultat sur Caussidière. Ce rapport contenait une hypocrite insinuation contre les Montagnards, cette garde « organisée, non pour l'émeute, sans doute, mais pour l'ordre. » Le corps des Montagnards fut dissous ainsi que la garde républicaine, malgré une promesse formelle faite la nuit même à Caussidière. La garde nationale fut envoyée occuper la préfecture de police ; on affecta d'opérer cette occupation comme un siège de citadelle ; on fit même avancer du canon.

Caussidière, quoique malade, parut à l'Assemblée. Il repoussa toutes les insinuations dirigées contre lui ; il montra que l'inaction qu'on lui reprochait dans la journée du 15 était forcée ; qu'on l'avait laissé sans ordres parce qu'on se défiait de lui. Puis il rappela les immenses difficultés de sa situation depuis Février, et les services qu'il avait rendus, grâce à ces dévoués Montagnards qu'on accusait aujoud'hui. « J'ai fait une police de conciliation, dit-il en terminant, j'ai fait de l'ordre dans le désordre. Maintenant, je le déclare, ma passion est pour le Peuple, qui travaille et qui souffre ; je suis socialiste et démocrate de cœur, voilà ma profession de foi. S'il me fallait changer mes principes et mes idées pour conserver mon poste, je donnerais ma démission de bon cœur. » La franchise et l'énergie de son langage entraînèrent les convictions d'une grande partie de l'Assemblée. Néanmoins, il crut devoir se retirer devant un soupçon ; il donna sa démission de représentant et de préfet de police.

La Commission exécutive avait sacrifié Caussidière. Pour combien de temps, par cet abandon, prolongeait-elle son existence ? On fit annoncer dans certains journaux sa démission prochaine et son remplacement par Marrast, Sénard et Cavaignac : c'était un ballon d'essai. En même temps, dans une réunion de représentants au Palais-National, Marrast fit décider qu'on ferait une enquête dont le résultat serait le renversement de la Commission exécutive. Pour tirer parti des antipathies bien connues de l'Assemblée, on résolut de s'attaquer d'abord à Louis Blanc ; la complicité de Ledru-Rollin, et même de Lamartine, dans les événements du 15, paraissait devoir ressortir des débats. Portalis et Landrin dressèrent un réquisitoire contre Louis Blanc. La commission nommée par l'Assemblée pour examiner cette question conclut, à la majorité de 15 voix contre 3, à l'autorisation des poursuites.

Le rapport fut rédigé et lu par Jules Favre, qui avait à se faire pardonner les fameuses circulaires du ministère de l'intérieur. Sans même examiner l'accusation, il demanda un vote de confiance, prétendant qu'on ne pouvait pas même supposer que Portalis et Landrin avaient cédé à une animosité politique. On alla plus loin : le président engagea l'Assemblée à se décider silencieusement et sans discussion, dans le sens des conclusions du rapport. Cela parut trop fort à l'Assemblée elle-même, et la discussion s'engagea. Mathieu (de la Drôme), Larabit, Laurent (de l'Ardèche) et Théodore Bac vinrent tour à tour défendre Louis Blanc. Toutes les calomnies du réquisitoire s'évanouirent une à une : on accusait Louis Blanc d'avoir parlé au Peuple ; le président lui-même fut forcé d'avouer que c'était d'après son invitation ; on prétendait qu'il avait félicité le Peuple d'avoir reconquis son droit de pétition : Barbès, dans une lettre écrite du donjon de

Vincennes, revendiquait pour lui ces paroles; enfin M. Marrast avait dit que Louis Blanc était allé le 15 à l'Hôtel-de-Ville : sommé de fournir une preuve, il prétendit qu'il n'avait pu retrouver l'homme de qui il tenait ce fait.

D'ailleurs Louis Blanc rappelait à l'Assemblée qu'il était dangereux d'entrer dans l'ère des proscriptions, que cette arme se retourne tôt ou tard contre ceux qui l'ont employée.

L'Assemblée n'était pas encore assez sûre de sa force pour n'être pas touchée d'un tel argument; elle repoussa l'autorisation des poursuites, mais seulement à une majorité de 32 voix. C'était partie remise.

CHAPITRE XIV.

—

Lois contre les attroupements. — Nouvelles élections. — Importance donnée à M. Louis Bonaparte par les maladresses de la Commission exécutive.

Efforts des Républicains pour empêcher une insurrection. — Manœuvres des royalistes pour rendre la lutte inévitable. — Rôle équivoque de la Commission exécutive.

Mauvaise organisation des ateliers nationaux. — Attaques continuelles de l'Assemblée contre les ouvriers.—La commission exécutive, par une mesure violente, donne le signal de l'insurrection.

Ce vote de l'Assemblée prolongeait l'existence de la Commission exécutive, mais chaque jour était un jour de grâce pour elle ; il lui fallait, pour durer, faire sans cesse, à la réaction, des concessions nouvelles. Depuis longtemps on avait ôté aux clubs les salles publiques ; on en avait fermé arbitrairement quelques-uns ; les autres étaient obligés de louer à grands frais des salles étroites et incommodes. Il en résulta naturellement que le Peuple prit l'habitude de se rassembler en plein air pour parler des affaires publiques qui sont les siennes.

Le Gouvernement fit une loi contre les attroupements; cette loi, que M. Armand Marrast fit appliquer avant même qu'elle fût votée, était une nouvelle atteinte au droit de réunion, au nom duquel s'était faite la Révolution de Février. Elle était d'ailleurs d'une violence qui en rendait la stricte application impossible. Ainsi, elle condamnait à douze ans de prison et à la privation des droits civiques tout citoyen ayant fait partie d'un attroupement armé qui ne s'est pas dissipé à la première sommation. Or, elle considérait comme armé tout attroupement dans lequel se trouvait un seul individu armé. Cette loi draconienne ne suffit pas à la réaction. Il fallut que la Commission exécutive promît de présenter des lois contre la presse.

C'est ainsi que la Commission exécutive ne parvenait à se faire tolérer qu'à condition qu'elle s'annulerait devant la réaction. Depuis le 15 mai, celle-ci était toute-puissante. On en eut la preuve à l'occasion des nouvelles élections. Par suite d'un assez grand nombre de nominations multiples, plusieurs départements, notamment celui de la Seine, avaient de nouveaux candidats à élire. Partout les noms les plus hostiles au principe démocratique furent mis en avant par la bourgeoisie et patronés ouvertement par le Gouvernement. L'auteur de l'embastillement de Paris, des lois de septembre, des massacres de la rue Transnonain, fut élu dans cinq départements. On osa afficher la candidature du prince de Joinville. On dit même qu'il vint à Paris terminer des affaires d'intérêt compromettantes que son père n'avait voulu confier qu'à lui.

Mais, une candidature encore plus inattendue absorba l'attention générale ; c'était celle d'un autre prétendant, le prince Louis Bonaparte. Toutes les ressources de la réclame furent employés pour prôner cette candidature ; sept journaux impérialistes fonctionnèrent à la fois. Les royalistes voyaient avec plaisir ces intrigues qui leur préparaient les voies, et une partie du Peuple, accusant la République des fautes de ceux qui l'exploitaient à leur profit, se groupait autour d'un nom qui restera populaire tant que l'éducation morale et politique du Peuple ne sera pas faite. D'ailleurs, des sommes considérables, venues, dit-on, d'Angleterre et de Russie, devaient, par ces temps de détresse, assurer le succès de la candidature princière.

Pour combattre toutes les intrigues monarchiques, les républicains n'avaient de ressource que dans une grande unité d'action. Une liste unique, arrêtée par les délégués des clubs et des corporations fut présentée aux suffrages du Peuple, et, malgré l'opposition violente et les intrigues de la bourgeoisie et du Pouvoir, malgré les fraudes sans nombre des agents des mairies, sur les onze candidats de la liste républicaine, quatre furent élus : Caussidière, Lagrange, Pierre Leroux et Proudhon.

Louis Bonaparte fut élu dans trois départements ; dans une lettre datée de Londres, il déclara que si le Peuple lui imposait des devoirs, il saurait les remplir ; cela pouvait aller loin. Mais, eût-il reculé devant une tentative de restauration impériale, comme on savait que l'Assemblée voterait une Constitution monarchique, sa présence était un danger sérieux pour ceux qui aspiraient à la Présidence, parmi lesquels Lamartine et Marrast se trouvaient alors en première ligne. De là la résistance maladroite du Pouvoir à l'élection de Louis Bonaparte. Le jour où l'Assemblée devait valider cette élection, il y eut un coup de théâtre qui rappela les beaux jours du Gouvernement provisoire.

Lamartine charmait l'Assemblée par un de ses plus beaux discours ; au dehors la foule inoffensive des curieux s'étonnait des nombreux bataillons des gardes nationaux qui gardaient l'Assemblée. Tout-à-coup Lamartine, qui avait un instant quitté la salle, revient précipitamment ; il s'écrie que le sang a coulé pour la première fois (et les massacres de Rouen ?), que des coups de fusils ont été tirés sur le général Clément Thomas, rédacteur du *National*, aux cris de vive l'empereur. « Cette circonstance, ajoute-t-il, nous fait un devoir de vous présenter un projet que nous avions signé une heure avant la séance. » Ce projet consistait à maintenir contre Louis Bonaparte seul la loi de bannissement portée, en 1816, contre sa famille. C'était en faire une victime. Les deux ou trois Bonaparte qui se trouvaient à l'Assemblée réclament, mais le coup de fusil de Clément Thomas a ému tout le monde ; Lamartine profite de l'occasion pour dissiper tous les nuages entre lui et l'Assemblée : « On m'accuse d'avoir conspiré, dit-il ; oui, j'ai conspiré avec Sobrier, avec Blanqui, avec Raspail, avec Cabet ! mais comme le paratonnerre conspire avec la foudre ! » bon mot que l'Assemblée applaudit avec frénésie, ce qui ne l'empêcha pas, aussitôt l'histoire du coup de fusil tirée au clair, de voter l'admission du prince Bonaparte. Mais celui-ci était trop prudent pour se compromettre avant l'heure ; il envoya sa démission. L'attention était appelée sur lui ; ses adversaires lui avaient fait un piédestal ; c'était assez pour le moment.

Les attaques de la Commission exécutive contre Louis Bonaparte attirèrent à celui-ci de nouvelles sympathies dans le Peuple, c'était un prétexte pour faire éclater le mécontentement général contre le pouvoir. La petite armée, recrutée par les agents du prince, se grossissait d'une foule d'ouvriers sans travail, dont la plupart pourtant étaient sincèrement Républicains ; dans des attroupements nombreux qui se formaient chaque soir aux portes Saint-Denis et Saint-Martin, le cri de vive Barbès! se mêlait au cri de vive Napoléon! C'était à désespérer de l'avenir démocratique de la France. Le résultat nécessaire de ce malentendu déplorable devait être de tourner quelques républicains contre le Peuple à la première lutte. Aussi le parti démocratique faisait-il autant d'efforts pour empêcher cette lutte que ses adversaires pour la rendre inévitable.

Un banquet des travailleurs à 25 centimes par tête avait été organisé par quelques citoyens pour répondre aux fêtes continuelles que la bourgeoisie offrait à l'armée et à la garde mobile pour les dresser à l'accomplissement de ses projets. Les républicains craignirent que ce banquet ne fût exploité par les ennemis du Peuple dans des vues coupables; les clubs, notamment celui de la Révolution, présidé jadis par Barbès, repoussèrent l'idée de ce banquet et finirent par l'ajourner indéfiniment. En même temps, les journaux républicains engageaient chaque jour le Peuple à se défier des excitations perfides de ses ennemis et à déjouer leurs manœuvres à force de calme, de modération et de patience.

Mais les partis royalistes et aristocratiques redoublaient d'activité; ils rappelaient à l'armée qu'elle avait sa revanche à prendre, qu'il lui fallait laver sa défaite de Février; en même temps, ils exploitaient la misère du Peuple en enrégimentant pour l'émeute des prolétaires sans travail et sans pain. Il leur importait surtout que l'insurrection se fit au nom de la démocratie, car ils savaient qu'eux seuls devaient profiter de la victoire de l'ordre. Aussi, tandis qu'ils agitaient sourdement le Peuple, ils répétaient tout haut qu'il fallait en finir; leurs journaux étaient chaque jour remplis d'excitations et de menaces. Quoiqu'elle se vantât à tout propos de ce qu'elle appelait sa victoire du 15 mai, la bourgeoisie regrettait de n'en pas être venue aux mains avec le Peuple; les gardes nationaux de la banlieue et de la province se plaignaient d'avoir été dérangés pour rien, et se promettaient de ne pas revenir à Paris sans brûler des cartouches.

Le pouvoir exécutif se gardait bien de réprimer ces manœuvres, qui lui paraissaient devoir le tirer de sa position fausse et ambiguë. Si le Peuple était vaincu, le pouvoir vainqueur de l'émeute dominait l'Assemblée au nom de l'ordre et à titre de libérateur. Il lui fallait donc une émeute; c'est ce qui résulte clairement de la réponse faite par un des membres du pouvoir exécutif aux délégués de la ville de Nantes, qui lui demandaient un emprunt pour payer les ouvriers des ateliers nationaux : « Si vous ne pouvez pas en sortir, faites ce que nous allons faire ici, tirez des coups de fusil. »

Mais, pour atteindre le but qu'elle se proposait, il fallait à la commission exécutive un mouvement partiel et contenu dans de justes limites; une victoire du Peuple eût emporté la commission exécutive elle-même, absolument comme en Février l'opposition dynastique avait été balayée par le parti républicain ; aussi prenait-elle ses précautions contre le Peuple en rappelant force troupes à Paris. Elle donna les ordres les plus formels au général Cavaignac, ministre de la guerre, pour que la garnison de Paris fût portée à 60,000 hommes. Ces ordres ne furent pas exécutés. Faut-il en accuser exclusivement, comme on l'a fait, l'incapacité du général Cavaignac? Il est probable que sa désobéissance eut une autre cause, à savoir, le misérable point d'honneur du chef militaire. L'armée avait été vaincue par le Peuple en Février, le général ne voulait pas qu'elle essuyât une seconde défaite. Aussi, tandis que Lamartine ne voulait employer la garde nationale que comme une réserve, Cavaignac voulait l'opposer seule à l'émeute. Si l'émeute triomphait, il fallait pouvoir dire : l'armée n'a pas donné.

En attendant, le pouvoir exécutif, se croyant obéi, vivait dans la conviction qu'il y avait 60,000 hommes de troupes à Paris. Il crut donc pouvoir impunément irriter le Peuple pour le pousser à l'insurrection ; il avait pour cela un moyen facile, et qui entrait parfaitement dans les vues de l'Assemblée, c'était de s'attaquer aux ateliers nationaux.

L'existence des ateliers nationaux était depuis longtemps un grand embarras pour le pouvoir ; on les avait créés dès les premiers jours du Gouvernement provisoire pour neutraliser l'influence de Louis Blanc sur les ouvriers ; on leur avait donné une direction essentiellement hostile à la commission du Luxembourg. En haine des principes socialistes, au lieu de faire de cette immense réunion d'hommes une armée industrielle employée à des travaux utiles et variés, on la condamnait à une occupation stérile ou à une inaction forcée. Il devint bientôt évident que l'on avait organisé une armée pour l'émeute. Le pouvoir exécutif était trop impopulaire pour faire agir cette armée à son profit; il voulut donc la dissoudre.

L'Assemblée était plus inquiète encore. Il ne se passait guère de jour sans qu'il vînt quelques représentants se lamenter à la tribune sur cette plaie vive des ateliers nationaux. Par une insigne mauvaise foi on affectait de rendre Louis Blanc et les socialistes en général responsables des vices d'une institution dirigée contre eux. Les récriminations contre les ateliers nationaux dans les journaux royalistes et à la tribune allaient quelquefois jusqu'aux injures; on reprochait aux ouvriers leurs 23 sous par jour, qu'on flétrissait du nom d'aumône. Les ouvriers répondaient publiquement à ces attaques; faisant allusion à la nullité proverbiale de l'Assemblée, ils disaient souvent que leurs représentants à 25 francs par jour avaient mauvaise grâce à leur reprocher de ne pas bien gagner leur modique salaire. M. Dupin notamment, s'attira, par quelques paroles injustes et maladroites, une réponse assez dure des ouvriers.

Il est certain qu'il y avait des désordres dans la comptabilité des ateliers nationaux, mais la faute en était à ceux qui avaient repoussé toute pensée d'organisation. On en rendit responsable le directeur Emile Thomas, dont le véritable tort, aux yeux du pouvoir, était d'avoir refusé de se prêter à une dissolution immédiate des ateliers nationaux. M. Trélat, ministre des travaux publics l'ayant fait venir chez lui, le fit enlever et transporter à Bordeaux. Ce procédé, digne des sultans des *Mille et une Nuits*, confondit tout le monde, et irrita profondément les ouvriers. On leur donna une nouvelle direction plus conforme aux vues du pouvoir. Le véritable remède eût été l'organisation du travail, mais ni l'Assemblée, ni le pouvoir exécutif n'en voulaient.

On savait bien que la dissolution des ateliers

nationaux, en condamnant à la fois cent mille hommes à mourir de faim, donnerait le signal d'une guerre civile ; mais l'Assemblée l'exigeait : tout ce qu'on pouvait faire, c'était d'y arriver progressivement. On diminua le nombre des inscriptions, et on les rendit plus difficiles ; on substitua le travail à la tâche au travail à la journée ; on chercha surtout à éloigner les ouvriers de Paris. On parla de grands travaux à exécuter en Sologne et sur différents points de la France ; mais ceux qui partirent revinrent au bout de quelques jours en se plaignant qu'on les eût trompés et qu'on n'eût cherché qu'à avoir facilement raison d'eux en les disséminant. Enfin la commission exécutive se décida à en finir avec les ateliers nationaux. Une note parut dans le *Moniteur*, ordonnant l'enrôlement militaire forcé, ou l'expulsion des ateliers nationaux de tous les ouvriers célibataires de dix-sept à vingt-cinq ans.

Cette mesure monstrueuse fut le signal de l'insurrection.

CHAPITRE XV.

—

Conférence entre Marie et les délégués des ateliers nationaux. — Préparatifs de la Commission exécutive. — Résistance de Cavaignac. — Ressources du pouvoir.
Journée du 23 juin. — Étendue de l'insurrection. — Modération du Peuple. — Premiers combats à la porte Saint-Denis, au faubourg Poissonnière, et aux abords de la Cité.

Dans la matinée du jeudi 22 juin, les ouvriers des ateliers nationaux se réunirent en bandes de quatre à cinq cents, et parcoururent divers quartiers avec leurs drapeaux et leurs bannières. Les mesures prises contre eux depuis quelques jours par la commission exécutive, les attaques continuelles dont ils étaient l'objet à l'Assemblée, avaient porté leur exaspération à son comble

Ils accusaient le pouvoir de vouloir se défaire du voisinage des prolétaires affamés en les employant à des travaux malsains, et en les disséminant pour éluder plus facilement les promesses de Février.

Une députation de délégués et de chefs de brigades des ateliers nationaux se réunit devant la grille principale du palais du Luxembourg, siége de la commission exécutive, pour protester contre l'enrôlement forcé des ouvriers et leur exil dans les départements. Ils obtinrent avec peine que huit d'entre eux fussent admis en présence de la commission exécutive. Ces délégués exposèrent leurs plaintes avec une énergie calme. Ils protestèrent au nom du droit, au nom des promesses solennelles faites au Peuple le lendemain de sa victoire, contre ces décrets sauvages qui imposaient aux ouvriers l'exil, l'esclavage ou la famine. Ils demandèrent l'organisation d'ateliers dans lesquels toutes les professions seraient exercées, et qui serviraient de refuge aux ouvriers forcés de chômer une partie de l'année.

M. Marie s'aperçut alors que, malgré tous ses efforts et ceux de ses collègues, les principes socialistes avaient pénétré dans les masses, et que le

Peuple les regardait désormais comme le seul remède à l'invasion de la misère. Aussi se montra-t-il inflexible : il répondit que le gouvernement était décidé à ne pas céder, et à faire exécuter sans retard les décrets. S'apercevant qu'un des délégués, nommé Pujol, prenait plusieurs fois la parole, il s'emporta contre lui, et dit aux autres avec colère : « Pourquoi ne vous expliquez-vous pas vous-mêmes ? Êtes-vous les esclaves de cet homme ? » Telles est du moins l'explication donnée par M. Marie. Ce qui est certain, c'est que le mot d'*esclaves* fut prononcé et rapporté aux ouvriers, dont il souleva l'indignation. Voyant qu'il leur fallait, sous peine de mort, subir la condition des forçats, ils se rappelèrent l'héroïque devise du Peuple de Lyon : Vivre en travaillant ou mourir en combattant ; et ils parcoururent la ville par groupes nombreux en criant : « Du pain, du travail ou du plomb ! »

Paris prit en quelques heures cet aspect d'inquiétude vague qui précède les jours d'émeute. Les partis royalistes, pressentant pour le lendemain la lutte qu'ils préparaient depuis longtemps, redoublèrent d'activité ; leurs agents parcouraient les groupes populaires, excitant par mille récits l'irritation croissante des ouvriers ; des distributions d'argent eurent lieu, et le cri de Vive Napoléon ! se mêla sur quelques points aux cris de : A bas Marie ! à bas la Commission exécutive ! à bas l'Assemblée ! Il était difficile de pressentir quel serait le caractère politique de l'insurrection.

Il était possible à ce moment encore de déjouer toutes les manœuvres ; la moindre concession faite aux vœux légitimes du Peuple eût prévenu l'effusion du sang ; mais, nous l'avons dit, le parti républicain seul redoutait l'émeute. On a reproché à la Commission exécutive de n'avoir pas déployé, dès le premier jour, un appareil militaire imposant. Il est certain qu'on eût ainsi ajourné l'insurrection, non pas indéfiniment, car les questions sociales ne se résolvent pas avec des baïonnettes, mais assez longtemps du moins pour que l'Assemblée, éclairée par le danger, ne pût refuser, à moins de complicité évidente, de quitter la voie fatale où elle s'était engagée. La Commission exécutive voyait dans une guerre civile sérieuse et prolongée plus de danger pour elle que d'avantages ; une agitation rapidement comprimée lui suffisait ; elle ordonna donc au général Cavaignac d'envoyer au Luxembourg deux régiments d'infanterie et un de cavalerie. Cet ordre ne fut pas exécuté : rien ne fut tenté pour empêcher l'insurrection de s'organiser et de s'étendre.

Dans la nuit du 22 et dans la matinée du 23, les barricades s'élevèrent sans résistance dans les faubourgs Saint-Marceau et Saint-Antoine, et dans tout le Marais. Vers deux heures du matin, Ledru-Rollin demanda à Cavaignac combien il y avait de troupes dans Paris ; le général répondit qu'il ne le savait pas. Effrayé de cette réponse, Ledru-Rollin prit sur lui d'adresser des demandes de troupes aux préfets des départements voisins, et même à Cherbourg et à Brest. La Commission exécutive voulait qu'on attaquât chaque barricade aussitôt qu'elle serait élevée ou seulement commencée, mais Cavaignac exigea que l'armée fût tout entière sous sa main, qu'elle fût massée et lancée ensuite sur les points attaqués. L'honneur de l'armée, disait-il, exige que je persiste dans mon système : si une de mes compagnies était désarmée, je me brûlerais la cervelle ; que la garde nationale attaque les barricades. Si elle est battue, j'aime mieux me retirer dans la plaine Saint-Denis, et y livrer bataille à l'émeute. Cavaignac voulait une victoire. La Commission s'aperçut trop tard qu'elle s'était donné un maître, et céda. Cavaignac fut investi du commandement de toutes les troupes, garde nationale, garde mobile, armée.

Dès le matin, le rappel fut battu ; mais les gardes nationaux si prompts à se lever aux moindres bruits de complots imaginaires se réunirent cette fois en petit nombre, et même ceux qui appartenaient à la classe ouvrière ne prenaient les armes que pour passer dans les rangs du Peuple, et construisaient eux-mêmes des barricades. Ledru-Rollin avait demandé qu'on envoyât chercher des pièces de canon à Vincennes, mais le canon n'arriva que onze heures après. Des officiers supérieurs de la garde nationale vinrent au Luxembourg prévenir qu'on faisait des barricades et demander des troupes pour les enlever. On leur répondit : laissez faire, avec une colonne on enlèvera ça. — La Commission exécutive n'était plus rien et Cavaignac ne jugeait pas les choses assez avancées pour qu'une victoire de l'armée servît ses projets.

En attendant qu'il se décidât à agir, on ne pouvait opposer au Peuple, outre le petit nombre de gardes nationaux dont on disposait, que la garde républicaine et la garde mobile. Depuis la démission de Caussidière, la garde républicaine avait été bien dénaturée : les Montagnards en avaient été généralement exclus; on avait changé les neuf dixièmes des officiers. Telle qu'elle était, cependant, elle offrait peu de garantie au pouvoir. On ne parvint à la faire agir qu'en lui faisant croire que l'insurrection était dirigée contre la République; malgré cette précaution, un grand nombre de soldats et d'officiers de cette garde firent cause commune avec le Peuple. A part quelques tristes exceptions, elle joua pendant ces journées un noble rôle : elle arrêta sur plusieurs points les fureurs de la garde nationale et de la garde mobile contre les prisonniers.

Quant à la garde mobile, elle était composée d'éléments fort hétérogènes; elle contenait un certain nombre de jeunes gens qui avaient fait leurs premières armes avec le Peuple en Février; aussi en revit-on beaucoup avec le Peuple sur les barricades de Juin. Mais aucune précaution n'ayant été prise lors du recrutement de la garde mobile ni depuis, cette population sans aveu, qui pullule dans les grandes villes, n'avait pas eu de peine à s'y introduire. Après Février, tandis que les ouvriers laborieux attendaient patiemment la reprise du travail, les autres avaient accepté avec joie une vie oisive et facile avec une solde de trente sous par jour. Cette solde, qui explique, suivant le préfet de police Ducoux, le débordement de la prostitution à Paris, devait faire des gardes mobiles les prétoriens du pouvoir. Cependant, comme on craignait que ces jeunes gens n'eussent pas encore oublié leur origine et leurs souvenirs, toutes les fois qu'on employait le garde mobile, on avait soin de l'exposer à l'improviste au feu des insurgés pour l'engager irrévocablement. D'ailleurs, d'abondantes distributions de vin et de liqueurs faites dans toutes les casernes expliquent, sans l'excuser, l'effrayant acharnement que la garde mobile montra dès le premier jour.

Jusqu'à midi, l'insurrection fut seule maîtresse; grâce aux barricades qui s'étaient élevées avec une incroyable rapidité, elle s'étendait sur toute la partie orientale de Paris, occupant, sur la rive droite, le faubourg Saint-Antoine et le faubourg du Temple; sur la rive gauche, le faubourg Saint-Jacques. D'ailleurs, aucune violence ne fut commise par le Peuple dans les quartiers où il était le maître; à la barrière Saint-Antoine, l'octroi fut protégé par les insurgés, et personne dans les barricades ne voulut s'affranchir de l'impôt. A la barricade de la rue Culture-Ste-Catherine, un insurgé ivre s'étant mis à crier : Incendions! fut conduit par ses camarades à un poste de pompiers. Dans la rue Saint-Martin, une seule boutique resta ouverte, celle d'un bijoutier, dont l'étalage était aussi complet que s'il eût régné le plus grand calme, tandis qu'à quelque distance de là le Peuple cherchait à enfoncer la boutique d'un marchand de fer. Ce contraste est significatif. Sur quelques-unes des boutiques fermées, le Peuple avait écrit : Respect aux propriétés; mort aux voleurs! On lisait encore plusieurs de ces inscriptions sur les ruines du faubourg Saint-Antoine après l'insurrection. Les drapeaux qui flottaient sur un grand nombre de barricades étaient les drapeaux tricolores des ateliers nationaux ; sur la plupart d'entre eux on lisait : Du travail et du pain ! Tout cela n'empêcha pas la réaction, ses représentants et ses journaux de traiter les insurgés de pillards, d'assassins et d'incendiaires.

Le combat entre le Peuple et la garde nationale commença à la porte Saint-Denis. Le Peuple s'y était fortifié et avait élevé des barricades sur le boulevard ; des femmes et des enfants se battaient dans les rangs du Peuple ; deux de ces femmes tombèrent sous les balles des gardes nationaux, qui tirèrent les premiers avant de faire les sommations ; le Peuple riposta quelques minutes après, et les gardes nationaux se débandèrent. Mais bientôt ils reçurent du renfort, et parvinrent à s'emparer de la barricade ; un seul de ceux qui la défendaient était encore vivant.

Quelque temps après, le 14ᵉ léger et deux bataillons de garde mobile arrivent sur le théâtre de la lutte avec deux pièces d'artillerie. Ces forces étaient commandées par le général Lamorivière, chargé par Cavaignac de l'attaque du faubourg du Temple. Cavaignac se montra pendant quelque temps dans ce quartier. Les jours suivants, il ne parut pas sur le théâtre du combat. A ce moment, l'action s'était reportée du côté du faubourg Poissonnière. Le général Lebreton était chargé de la défense de ce quartier. C'est alors qu'eut lieu le combat le plus meurtrier de la journée, à l'attaque de la barricade de la place Lafayette. La garde mobile et le 7° léger finirent par s'en emparer.

Dans le même quartier, il s'était formé quatre barricades au point de jonction de la rue de Chabrol et du faubourg St-Denis. Un officier de la garde nationale du quartier parvint à retarder la lutte en obtenant l'éloignement d'une colonne de gardes mobiles. Mais au bout de peu de temps des troupes débouchèrent par toutes les rues et les insurgés envoyèrent un parlementaire. On leur permit de se retirer avec leurs armes et on leur donna un capitaine de la ligne pour les conduire.

Tous les insurgés sortirent, excepté un vieux trompette de la garde impériale, aujourd'hui transporté, qui disait qu'il voulait mourir pour son empereur. Mais, à peine les barricades furent-elles abandonnées, que, malgré la capitulation, une décharge de mitraille accueillit les fugitifs et le capitaine de ligne qui les acccompagnait. Les prisonniers furent conduits à Saint-Lazare dans une salle encore tachée du sang d'un autre prisonnier qu'un officier de la garde nationale venait de tuer d'un coup d'épée. Au bout de quelque temps ils parvinrent à s'évader.

Dans la cité sur le parvis Notre-Dame, un combat de trois heures s'engagea entre le Peuple et la troupe aidée de la garde mobile, dont une partie, dit-on, passa du côté des insurgés. Le général Bedeau fut blessé à la jambe; enfin, malgré l'intrépide résistance du Peuple, les quatre grandes barricades du parvis Notre-Dame furent enlevées au milieu d'une véritable boucherie.

Sur la rive gauche de la Seine le combat avait commencé dans l'après-midi entre le Peuple et la garde nationale. Le maire du 12º arrondissement était venu parlementer avec ceux qui construisaient des barricades. Ses efforts pacifiques pour arrêter l'effusion du sang, furent considérés comme une trahison par le parti réactionnaire et par ses conseils de guerre. Arago parlementa également sur la place du Panthéon :

« On nous a déjà tant promis, disaient les ouvriers, et on nous a si mal tenu parole que nous ne nous payons plus de mots; il nous faut des actes. »

Poussé par les arguments des ouvriers, Arago finit par dire qu'il n'a pas à répondre à des hommes qui étaient sur les barricades.

« Nous en élevions ensemble en 1832, lui répondit-on. Vous ne vous souvenez donc plus du cloître Saint-Merry? »

La rue Saint-Jacques et toutes les rues avoisinantes étaient barricadées dans toute leur étendue, ainsi que la rue de la Harpe, jusqu'au pont Saint-Michel; presque toutes les barricades étaient gardées par des gardes nationaux ralliés au Peuple; ceux qui défendaient la cause du pouvoir étaient en petit nombre. Les barricades de la place Cambrai et de la rue des Mathurins ne purent être enlevées qu'à l'aide des canons que M. Arago avait fait avancer. Au moment où la barricade des Mathurins allait céder, la plupart de ceux qui la défendaient se sauvèrent; un ouvrier prit les fusils et les brisa; un Espagnol, qui commandait cette barricade, refusa de suivre ses compagnons et resta seul devant les assaillants. Lorsqu'il se vit entouré, il tira un dernier coup de fusil, refusa obstinément de se rendre et tomba percé de coups.

La lutte continua dans le bas des rues Saint-Jacques et de la Harpe, aux environs de la rue Saint-Severin. Le chef du 4º bataillon de la 11º légion de la garde nationale y fut tué au moment où il attaquait une barricade, et non pas en voulant parlementer, comme on l'a dit dans les premiers jours. La barricade la mieux défendue dans ce quartier s'élevait à l'extrémité de la rue Saint-Jacques, devant le pont. Un détachement de gardes républicains et de gardes nationaux de la 9º légion, après avoir traversé les deux barricades de la Cité et fraternisé avec ceux qui les gardaient, engagea un feu long et meurtrier avec les insurgés retranchés de l'autre côté du pont. Un orage qui éclata en ce moment n'arrêta pas la lutte. Enfin des explications eurent lieu, et quelque temps après des soldats et des officiers de la garde républicaine aidaient le Peuple à renforcer sa barricade, qui fut peu de temps après attaquée par le canon. Deux batteries d'artillerie s'établirent dans les bâtiments de l'Hôtel-Dieu, sans respect pour les malades qui l'occupaient, et firent feu de là sur le Peuple. Après trois quarts-d'heure de combat la barricade fut prise.

Les insurgés cherchèrent un refuge dans un magasin de nouveautés, à l'enseigne des Deux-Pierrots; les uns se cachèrent sous les comptoirs, dans les angles obscurs des murailles et sous les meubles qui garnissaient les appartements; d'autres tentèrent de s'évader par les toits, où les balles des assaillants les atteignirent.

De ce nombre était Belval, le commandant de la barricade, homme d'un courage et d'un sang-froid remarquables, qui avait proposé à ses compagnons de se barricader dans la maison, de détruire l'escalier et d'écraser à coups de pavés tous ceux qui tenteraient de s'y introduire. Ce conseil fut repoussé; on espéra que les vain=

queurs feraient grâce à leurs ennemis désarmés. Bientôt cependant les magasins sont envahis ; les baïonnettes des mobiles fouillent toutes les retraites et frappent au hasard sur les corps entassés dans l'ombre. Des cris déchirants montent aux étages supérieurs et annoncent à ceux qui s'y étaient réfugiés le sort qui les attend. Le même massacre se renouvelle à tous les étages. De tous les citoyens qui défendaient cette barricade, un seul, blotti dans une chambre, entre un meuble et la muraille, échappa miraculeusement à la mort.

CHAPITRE XVI.

Journée du 24 juin.—Proclamation de l'état de siége et de la dictature militaire.—Suppression des journaux.
Caractère politique de l'insurrection.—Modération des insurgés.—Calomnies répandues contre eux.—Acharnement de leurs adversaires.
Attaque et prise du Panthéon. — Prisonniers fusillés au Luxembourg, etc. — Prise de la place Maubert. — Prisonniers fusillés à l'Hôtel de Cluny, etc.

Quelles mesures prenait cependant l'Assemblée nationale pour arrêter la guerre civile? Un représentant, nommé Falloux, proposa de dissoudre, sous trois jours, les ateliers nationaux; c'eût été pousser cent mille hommes dans l'insurrection; un autre, Dégousée, proposa d'arrêter, la nuit même, les rédacteurs des journaux démocratiques. L'Assemblée accueillit cette proposition par un tonnerre d'applaudissements ; mais quand Considérant demanda que l'Assemblée fît une démarche collective pour rétablir la paix, un tumulte épouvantable couvrit sa voix ; quand Caussidière demanda qu'une proclamation fût adressée au Peuple pour empêcher Paris de s'égorger pendant la nuit, l'Assemblée éclata en murmures. Quelques représentants se rendirent isolément sur le théâtre de la lutte, soit pour se mettre en tête des bataillons de la garde nationale, soit dans un but de conciliation. Trois d'entre eux furent blessés : Clément Thomas, Bixio, et Dornès qui mourut au bout de quelques jours.

Deux membres de la Commission exécutive marchèrent aussi à la tête des troupes : Arago, qui canonna le quartier Saint-Jacques, et Lamartine, qui attaqua une barricade au quartier du Temple. Sans doute, ils virent écrit sur les drapeaux du Peuple : *Du travail et du pain!* mais ils ne reculèrent pas. Quant aux actes collectifs de la Commission exécutive, depuis qu'elle avait livré tout pouvoir effectif à Cavaignac, ils devaient se borner à des proclamations ; on en publia une qui démentait l'article du *Moniteur* sur les enrôlements forcés et qui affirmait aux ouvriers que l'Assemblée n'avait pas cessé un seul jour de s'occuper d'eux.

Pour Cavaignac, il ne se contentait pas du pouvoir que la Commission exécutive lui avait confié, il voulait une dictature complète et ratifiée par l'Assemblée. Le parti du *National*, sachant bien qu'il règnerait sous le nom de Cavaignac, exploita habilement les terreurs de l'Assemblée ; on fit un tableau très-sombre des dangers de Paris ; aussitôt, Pascal Duprat propose de mettre Paris en état de siége, et de déposer tous les pouvoirs entre les mains de Cavaignac. L'Assemblée hésitait ; Bastide voit le danger d'une discussion : « Citoyens, dit-il, je vous supplie de cesser toute discussion et de prendre une mesure énergique; dans une heure l'Hôtel-de-Ville sera pris. » L'Assemblée proclame la dictature militaire. Pascal Duprat fut récompensé du rôle qu'il avait joué par une ambassade à Vienne.

Jules Favre voulait ajouter à la proclamation de l'état de siége celle de la déchéance de la

Commission exécutive. Celle-ci prévint le vote en envoyant immédiatement sa démission, dont la lecture fut à peine écoutée au milieu du dédain de l'Assemblée.

Le premier acte du pouvoir nouveau fut la suppression, sans jugement, des principaux journaux républicains; on y ajouta celle de quelques journaux royalistes qui voulaient conclure trop vite; les amis impatients furent traités comme les ennemis. On eût pu amener cette suppression sans proclamer l'état de siége : il suffisait de rétablir les lois de la monarchie sur le cautionnement. Mais cette mesure n'eût pas atteint un journal dont on voulait avant tout se défaire; la *Presse*, l'ancienne rivale du *National*, qui avait eu le tort impardonnable de dénoncer, jour par jour, les manœuvres de la République *modérée*, et de prédire le règne du sabre. La suppression de la *Presse* était le résultat d'une rancune de boutique ; on alla plus loin : le rédacteur en chef, Émile de Girardin, fut saisi sans jugement, emprisonné et mis au secret. On ajouta ainsi la violation de la liberté individuelle à la violation de la plus respectable de toutes les propriétés, celle qui est le fruit de l'intelligence et du travail. Cette suppression de quinze journaux ruinait en un jour trois mille travailleurs.

Bien que l'état de siége n'eût pas d'autre signification légale que de soumettre les autorités civiles aux autorités militaires, sous l'empire des lois existantes, on affecta d'en tirer une conséquence monstrueuse, la suspension de toutes les lois. On avait commencé par violer la liberté individuelle et la propriété, il fallait aller plus loin : il fallait légitimer ces massacres, qui s'accomplissaient déjà sur tous les points de la ville; partout, les agents de la réaction allaient répétant aux troupes que l'assassinat des prisonniers était la loi de l'état de siége.

Le caractère politique de l'insurrection, indécis le premier jour, se dessinait de plus en plus. Les agents royalistes provocateurs étaient rentrés dans les rangs de la garde nationale aussitôt la bataille engagée, et combattaient la République au nom de l'ordre. Les malheureux, dont ils avaient exploité la misère, ne formaient qu'une imperceptible minorité dans la masse des combattants. Le cri des ouvriers était : Vive la République démocratique et sociale ! Ces mots, inscrits sur tous leurs drapeaux, étaient prononcés pour la première fois par le Peuple, qui baptisa ce jour-là sa République du plus pur de son sang.

Cependant, il faut l'avouer, un tiers environ de l'armée insurrectionnelle était composée de bonapartistes ; la souillure de cette alliance explique la défaite de l'insurrection au point de vue de la moralité de l'histoire.

Les chefs de la démocratie n'étaient pour rien dans l'insurrection ; les plus habiles et les plus énergiques étaient à Vincennes, les autres manquèrent d'audace et de foi ; de là, dans le parti du Peuple, cette absence d'unité, de plan, d'ensemble, qui rendit possible la victoire de ses adversaires. Les ouvriers restaient sur la défensive ; ils se contentaient de garder leurs barricades sans chercher à s'emparer d'aucun point important. L'Assemblée nationale n'était pas défendue. L'Hôtel-de-Ville, placé au point de jonction des faubourgs insurgés, n'eut pas résisté à leurs forces combinées. On ne songea pas même à l'attaquer.

Cavaignac avait fait signifier aux ouvriers qu'il ne leur donnait qu'une heure pour se rendre. Ils répondirent qu'ils aimaient mieux mourir en combattant que de mourir de faim. Ils avaient amené leurs femmes et leurs enfants sur les barricades : « Puisque nous ne pouvons plus les nourrir, disaient-ils, il vaut mieux qu'ils meurent avec nous. » Au milieu de ce sombre désespoir, on a lieu de s'étonner de la modération du Peuple. Dans plusieurs quartiers, quelques ouvriers proposaient de porter des pavés dans les maisons pour écraser les troupes à leur passage ; les autres s'y opposèrent pour ne pas compromettre la vie et la propriété des habitants. Partout les prisonniers faits par le Peuple étaient traités avec humanité ; les insurgés ne se contentaient pas de leur rendre la liberté : ils leur faisaient souvent revêtir des blouses par dessus leur uniforme pour leur éviter tout danger en traversant les autres barricades. Ils rendirent ce service, notamment à un garde mobile au faubourg du Temple : à six mobiles, dont l'un était officier, au pont d'Austerlitz : à un garde national, rue du Perche, etc. Souvent ils les reconduisaient eux-mêmes à travers les barricades.

Tout cela n'empêchait pas les journaux royalistes et les agents du pouvoir de répandre partout les plus odieuses calomnies sur la conduite des ouvriers. On disait qu'ils avaient pendu des officiers par les pieds dans le Panthéon, scié la tête à des gardes mobiles, coupé les pieds à des dragons. Toutes ces atroces et niaises imputations se sont évanouies depuis devant la publicité des conseils de guerre ; mais pendant la bataille, elles produisaient leur effet. C'est à de tels moyens qu'on avait recours pour augmenter l'exaspération des troupes.

Aussi, dans les quartiers insurgés, la garde nationale et la troupe tiraient sur toutes les fenêtres, même lorsqu'elles étaient fermées. On ne saurait compter le nombre des victimes de cette tactique, dont l'exemple avait été donné par Thiers et Bugeaud, lors des massacres de la rue Transnonain.

Chaque fois qu'ils avaient pris une barricade, les soldats et les gardes nationaux se répandaient dans les maisons voisines et y opéraient des arrestations nombreuses. La plupart de ceux qu'on arrêtait étaient des citoyens paisibles, qui n'avaient pris aucune part à la lutte. Comme ils ignoraient le sort réservé aux prisonniers, ils se rendaient sans résistance. Dès le premier jour, non seulement toutes les prisons étaient encombrées, mais on avait entassé des prisonniers dans les cours de tous les monuments publics.

L'insurrection s'était concentrée pendant la nuit dans le quartier Saint-Jacques, dans la Cité, dans les faubourgs Saint-Antoine, Saint-Denis et dans le quartier du Temple. Le tocsin sonnait dans plusieurs églises. Depuis le lever du soleil on entendit sans interruption le bruit du canon et de la fusillade. Le Peuple s'était retranché dans le Panthéon et en avait fait son quartier-général sur la rive gauche. Ce point fut le théâtre d'un combat acharné ; le général Damesme y fut blessé et mourut quelques jours après. Le canon brisa les portes du Panthéon et renversa une statue colossale qui se trouvait à l'extrémité du monument. Pendant le combat, des gardes mobiles qui avaient occupé l'école de droit, en sortirent tout à coup la crosse en l'air; puis, au moment où les insurgés s'apprêtaient à les recevoir dans leurs rangs, ils croisèrent la baïonnette et firent feu. Une horrible mêlée s'ensuivit. Dans un autre moment, les insurgés s'étaient emparés de l'école de droit et avaient conduit au poste des pompiers de la rue Clovis un des leurs qui avait pris une robe de professeur. Ils s'emparèrent aussi du collége Henri IV, et, manquant de vivres, refusèrent de toucher aux provisions de la maison et de manger, comme ils disaient, « le pain de ces enfants. »

Rue Neuve-Sainte-Geneviève, les ouvriers s'étant emparés de la caserne, partagèrent avec les mobiles malades le peu de vivres qu'ils s'étaient procurés en mettant leurs habits en gage. Quelque temps après, la caserne fut reprise par la mobile ; les ouvriers blessés qui s'y trouvaient furent dirigés sur le Val de-Grâce et la Pitié. Dans le trajet, on les achevait à coups de sabre. Un chirurgien de la ligne, aujourd'hui en Afrique, faillit être fusillé pour s'être opposé à ces actes de férocité.

Les prisonniers faits par le Peuple étaient, au contraire, bien traités ; on cite notamment un officier d'état-major de la garde nationale, qui, ayant été pris le vendredi dans la rue Saint-Jacques, fut reconduit par un chef de barricade jusqu'au quartier-général du général Damesme ; quelque temps après, la barricade fut prise ; le chef de barricade fut fait prisonnier deux jours après, et assassiné rue Racine.

Enfin, malgré la résistance désespérée du Peuple, le Panthéon fut pris, et tout le quartier occupé par les troupes. Un grand nombre de prisonniers furent fusillés sur le théâtre même du combat. Quelques-uns s'étaient réfugiés dans une maison : on perça un étudiant de coups de baïonnettes pendant une demi-heure pour l'obliger à indiquer leur retraite, après quoi on l'acheva. Sur la place de l'Estrapade, un prisonnier fut assommé à coups de crosses de fusil. D'autres furent fusillés sur la même place, et leurs femmes, témoins de leur mort, suivirent les colonnes de troupes jusqu'à la barrière de Fontainebleau, où leurs récits causèrent la mort du général Bréa. On fusilla aussi place Saint-Michel.

Un grand nombre de prisonniers furent conduits au Luxembourg, et fusillés par la garde nationale. Un de ces prisonniers s'étant renversé à terre au moment de la décharge, échappa à la mort ; et, quoiqu'il eût le bras à moitié coupé, il

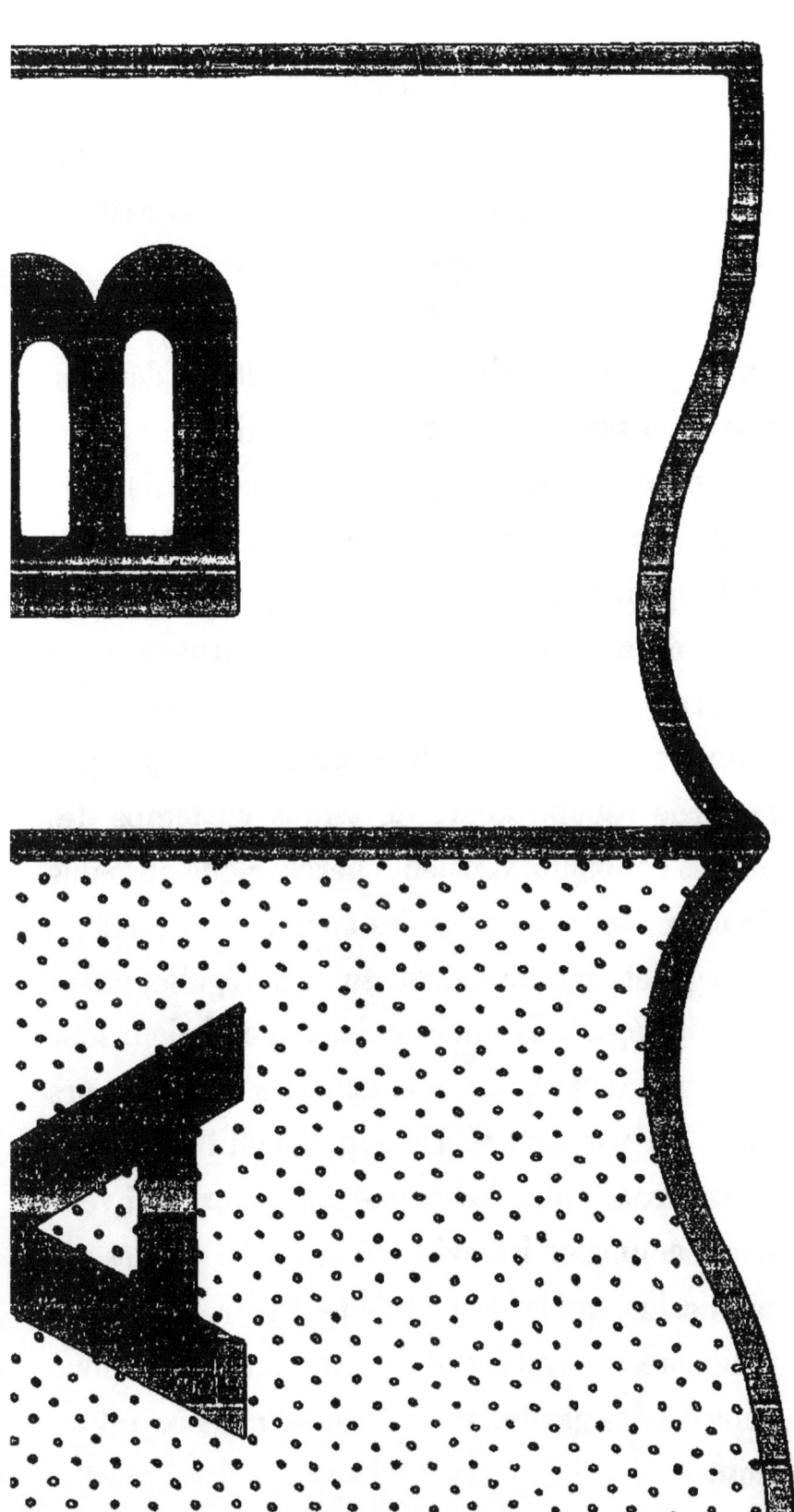

recueillit ses forces et s'enfuit. On ne le reprit que rue de la Harpe : il fut conduit à la caserne de Tournon. Il est aujourd'hui transporté.

Trente-neuf furent fusillés sur l'emplacement de la prison politique qu'on venait de démolir rue de Vaugirard. Parmi ces derniers, se trouvait, dit-on, un agent légitimiste, le comte de Narbonne, qu'on avait pris au moment où il distribuait de l'argent aux insurgés. Sa famille a démenti le bruit de sa mort, mais divers journaux l'ont confirmé. On enferma un grand nombre de prisonniers à la caserne de Tournon, occupée par la garde républicaine ; de temps en temps des gardes nationaux venaient chercher quelques-uns de ces prisonniers pour les conduire au Luxembourg, et une décharge suivait régulièrement chaque départ. Les prisonniers se cachaient sous les tables de la caserne et dans les coins obscurs pour ne pas partir. Une lutte faillit s'engager dans la cour entre les gardes nationaux, qui voulaient emmener les prisonniers, et les gardes républicains, qui refusaient de les livrer. Les gardes nationaux essayèrent d'obtenir un ordre pour déplacer les gardes républicains, mais ce fut en vain.

Pendant plus de quinze jours après ces exécutions, le jardin du Luxembourg fut fermé au public ; il fallait bien attendre qu'une pluie d'orage vînt laver les mares de sang : quelques arbres portèrent longtemps la trace des balles.

Le bas du faubourg Saint-Marceau était encore occupé par le Peuple. D'énormes barricades s'élevaient dans toutes les rues avoisinant la place Maubert. A la barricade de la rue des Noyers, quinze gardes mobiles combattaient dans les rangs du Peuple ; toutes les fois qu'un soldat était blessé, les insurgés cessaient le feu jusqu'à ce qu'on l'eût relevé. Au contraire, un insurgé ayant été blessé, ceux qui voulurent le ramasser furent assaillis de balles. La barricade fut bientôt prise entre deux feux ; ceux qui la défendaient se sauvèrent de tous côtés, mais tous ceux qui furent pris furent fusillés sur l'heure. Quelques-uns furent sauvés par les habitants du quartier.

Enfin la place Maubert fut perdue après un combat de plusieurs heures. Le pavé fut littéralement couvert de sang. Puis les troupes se répandirent dans les maisons, et à côté du massacre il y eut le pillage. Le marché des Carmes, dans lequel les insurgés n'avaient commis aucun dégât pendant qu'ils l'occupaient, fut pillé en un instant par les gardes mobiles ; sur la place Maubert et sur le quai où se trouve le mail, il y eut, dit-on, des femmes violées sur le cadavre de leurs maris.

Quelques temps avant la bataille, six mobiles faits prisonniers par le Peuple, avaient été parfaitement traités : on leur avait donné à dîner. Un capitaine de la garde nationale fait prisonnier place Maubert fut également renvoyé à son bataillon. Les vainqueurs agirent tout autrement à l'égard de leurs prisonniers. La plupart des ouvriers pris à la barricade de la rue des Noyers et aux autres barricades de la rue Saint-Jacques, furent conduits au poste de la rue des Mathurins, hôtel de Cluny, et fusillés. L'un d'eux reçut une première décharge de six coups de feu sur la petite place du cloître Saint-Benoît. Les chairs de ses bras volaient en lambeaux, mais il resta debout et attendit. Une seconde décharge suivit la première ; il roula quelques pas, puis se releva en criant : je ne suis pas mort ; allez ! Un dernier coup de fusil lui fit sauter la cervelle. Parmi les autres prisonniers fusillés devant l'hôtel de

Cluny, il y avait un vieillard blessé qui demandait grâce ; un sergent de ligne voulut le sauver, et fut tué avec lui. Il y avait aussi un enfant de douze ans qui mettait ses mains devant sa figure en criant : oh ! ne me tuez pas, ne me tuez pas ! Une balle l'étendit mort avant qu'il eût achevé.

Une des salles de l'hôtel de Cluny avait été transformée en ambulance ; un jeune médecin pansait des blessés appartenant au Peuple, lorsque des gardes mobiles se précipitèrent sur eux et les réclamèrent à grands cris pour les fusiller. Les énergiques réclamations du médecin furent inutiles ; on le menaça de le fusiller lui-même, et il dut se retirer sans avoir pu sauver ces malheureux. Les cadavres furent étendus sous les arceaux de l'hôtel de Cluny. En présence de ces actes commis au grand jour et devant témoins, on frémit en penssant à ceux qui durent être ensevelis dans l'ombre des vastes cavaux des Thermes de Julien.

CHAPITRE XVII.

—

Proclamations promettant l'amnistie. — Massacres des prisonniers rendus sur ces promesses.
Journée du 25. — Le général Bréa à la barrière Fontainebleau. — Irritation des insurgés à la nouvelle des massacres du Panthéon. — Mort de Bréa.
Assassinat de deux parlementaires du Peuple pendant une trêve. — Divers représentants se rendent dans les quartiers des insurgés.
Attaque du Marais et du faubourg du Temple. — Massacres pendant et après la victoire. — Fusillades en masse dans le quartier de l'Hôtel-de-Ville.

Les ouvriers étaient avertis du sort qui les attendait; des placards étaient jetés derrière les barricades; ils portaient : Défendez-vous, vous seriez massacrés. Le gouvernement eut connaissance de ce fait, qui devait redoubler le courage des insurgés. Aussitôt des proclamations leur furent adressées par le général Cavaignac : « Ouvriers, leur disait-on, on vous dit que de cruelles vengeances vous attendent; ce sont vos ennemis, les nôtres, qui parlent ainsi. On vous dit que vous serez sacrifiés de sang-froid; venez à nous, venez comme des frères repentants et soumis à la loi, et les bras de la République sont tout prêts à vous recevoir. »

Lorsque cette proclamation fut connue des ouvriers, un grand nombre d'entre eux se rendirent prisonniers. Alors, les uns furent fusillés sur place, les autres conduits à l'Hôtel-de-Ville et sur quelques autres points, qui servaient plus spécialement d'abattoirs. Sur le pont d'Arcole, les prisonniers tombaient sous les feux croisés des gardes mobiles, placés sur les deux quais. Quelques mobiles furent atteints par les balles de leurs camarades. Sur le pont Louis-Philippe, plus de quarante furent jetés à l'eau. On en amenait d'autres sur le quai de l'Hôtel-de-Ville, on les précipitait dans l'eau, où les balles les atteignaient. Le plus souvent ils tombaient sur la berge, et d'autres mobiles, placés à cet endroit, les achevaient à coups de fusil.

Un de ces hommes, d'une vigueur remarquable, avait saisi ceux qui voulaient le faire tomber ; on ne put lui faire lâcher prise, on le conduisit sur la berge, et on parvint à le renverser : un garde mobile lui enfonça sa baïonnette dans la nuque : aux hurlements qu'il poussa tous ceux qui se trouvaient en haut sur le quai crièrent : Grâce ! grâce ! alors vingt-sept gardes mobiles lui déchargèrent leurs fusils dans les reins, et, craignant qu'il ne fût pas mort, s'acharnèrent sur son corps à coups de baïonnettes et de crosses de fusils.

A ce moment deux représentants se trouvaient sur la place de l'Hôtel-de-Ville et causaient avec des officiers. Des soldats de la garde républicaine qui amenaient un convoi de prisonniers leur demandèrent ce qu'il en fallait faire? Ils répondirent : Fusillez ! fusillez !

A côté de pareils actes, on est heureux d'avoir à citer quelques traits de courage et d'humanité. M. Flottard, adjoint au maire de Paris, aidé d'un représentant, parvint à soustraire un prisonnier à la fureur des gardes mobiles, sur la place de l'Hôtel-de-Ville, en le couvrant de son écharpe. Il eût payé de sa vie cet acte d'humanité sans un canonnier de la garde nationale qui le protégea et qui bientôt après, fut saisi lui-même et renversé violemment sur un tas de pierres. On dit que M. Flottard exposa plusieurs fois sa vie de la même manière.

Le général Duvivier s'opposa également à des exécutions de prisonniers. Voyant un capitaine de la mobile qui s'apprêtait à en faire fusiller quelques-uns, il lui adressa de violents reproches. L'officier jeta à terre un fusil dont il s'était armé; le coup partit et atteignit un garde national. Le général Duvivier reçut le lendemain une blessure dont il mourut. Tous les partis le regrettèrent; il ne partageait pas les préjugés de la plupart de ses collègues contre les idées de progrès; il avait même écrit un ouvrage socialiste. Quelques heures avant de mourir, il répétait, dans le délire de la fièvre : Il faut donner du travail aux ouvriers, sans cela ils feront encore des barricades.

On s'explique difficilement comment le quartier de l'Hôtel-de-Ville, où commandait le général Duvivier, fût un de ceux où l'on massacra le plus de prisonniers; on ne saurait accuser non plus M. Marrast, qui, assure-t-on, aimait mieux laisser les prisonniers entassés à l'Hôtel-de-Ville que de les confier à la garde nationale et à la garde mobile, et qui, dans une proclamation, qualifia d'*exagéré* le zèle de certains gardes nationaux, expression qui lui attira des récriminations nombreuses. Mais que pouvaient quelques efforts individuels et isolés contre un massacre organisé avec tant d'ensemble? D'ailleurs les prisonniers de l'Hôtel-de-Ville étaient dans des conditions qui leur faisaient désirer la mort comme un bienfait. Un escalier composé de trente-deux marches conduisait dans des caveaux obscurs où les prisonniers avaient de l'eau jusqu'à mi-corps. A mesure qu'ils arrivaient ils étaient violemment précipités dans cette espèce de gouffre et n'arrivaient au bas que le corps brisé par les contusions. Plusieurs d'entre eux restèrent soixante heures sans nourriture, et lorsqu'ils demandaient un peu d'eau, des mobiles tiraient des coups de fusil au hasard par les soupiraux. Un officier qui s'y opposait faillit être fusillé. Ceux qui étaient atteints tombaient dans cette eau bourbeuse, et les autres respiraient ces émanations de cadavres, et en attendant que leur tour vint, restaient là sans air, sans lumière, sans nourriture, dans la fange et le sang.

Il paraît qu'on avait établi parmi les prisonniers plusieurs catégories : une espèce de tribunal, composé d'officiers supérieurs, les jugeait à mesure qu'on les amenait ; ils étaient conduits à l'interrogatoire au milieu des coups de crosses et de baïonnettes, quelques-uns furent pendus dans le corridor à des barreaux de fer. Tous ceux qui avaient les mains noires étaient condamnés à mort par le tribunal ; le mot d'ordre était : *Faites-les passer par là*, ou *donnez-leur de l'air*. La garde mobile en fusilla pendant plus d'une journée ; les cadavres étaient entassés en montagne dans la cour et dans la salle Saint-Jean.

A ce moment la Cité et les abords de l'Hôtel-de-Ville étaient au pouvoir des troupes. Le Peuple était refoulé dans le faubourg du Temple, dans le faubourg Saint-Antoine et à l'extrémité du faubourg Poissonnière. Sur la rive gauche, il occupait seulement l'extrémité des faubourgs Saint-Jacques et Saint-Marceau. Dans la matinée du dimanche 25, le général Bréa, qui avait remplacé le général Damesme, s'empara de ces différentes positions. Il y eut de nombreux massacres de prisonniers dans le faubourg Saint-Marceau ; mais nous manquons de détails sur ces exécutions, ainsi que sur les scènes de viol et de pillage qu'on dit avoir été commises au faubourg Saint-Jacques. L'insurrection occupait encore la barrière de Fontainebleau. La barricade qui s'élevait sur ce point était gardée par quelques habitants de cette partie de la banlieue, sans communications avec le reste du mouvement.

Le général Bréa s'avança vers cette barricade en demandant à parlementer; on lui dit de crier d'abord : Vive la République démocratique et sociale ! C'était le cri de ralliement des insurgés. Il présenta un papier portant les lignes suivantes :

« Nous soussignés, général Bréa, de Ludre, déclarons être venus aux barrières pour annoncer au bon Peuple de Paris et de la banlieue, que l'Assemblée nationale vient d'accorder trois millions aux travailleurs, et qu'elle a voté la République démocratique et sociale.

« Signé : DE BRÉA. »

On lui permit alors de passer la barrière ; le

représentant de Ludre et quelques-uns des officiers qui l'accompagnaient refusèrent de le suivre : les insurgés crurent à une trahison ; le général déclara qu'il venait dans un but de conciliation. On lui demanda de faire déposer les armes à ses soldats ; il signa le billet suivant : « J'ordonne à la troupe de se retirer par le chemin qu'elle a pris pour venir. » Plusieurs lettres furent, dit-on, portées au général Cavaignac, qui répondit que le salut d'un seul homme passait après celui de tous.

On avait donné au général Bréa, sur sa demande, une demi-heure, pendant laquelle on le garda prisonnier sur parole. Une heure se passa ; plusieurs fois les femmes des insurgés vinrent leur faire des rapports inquiétants : on disait que le parlementaire du Peuple avait été fusillé ; que le général Bréa avait déjà pris plusieurs barricades en feignant de vouloir parlementer, pendant que ses soldats tournaient la barricade, et qu'il faisait ensuite fusiller les prisonniers ; on ajoutait même qu'il avait fait fusiller quelques soldats qui refusaient de tirer sur le Peuple. Le récit de la mort de Raguinard et des autres citoyens fusillés place du Panthéon exaspérait surtout les ouvriers. Plus d'une fois on entendit crier : « A mort l'exécuteur du Panthéon! à mort l'assassin de nos frères! » Le bruit s'étant répandu que le général n'était autre que Cavaignac lui-même, l'irritation n'eut plus de bornes.

Bréa avait essayé de s'évader par le mur d'un jardin; on le conduisit successivement dans le second étage de la maison, puis au poste. Une seconde tentative d'évasion fut aussi vaine que la première. Les gardes nationaux de la banlieue, qui, jusques-là, s'étaient tenus l'arme au bras, sans rien tenter, avaient percé le mur du violon, lorsqu'un enfant de quatre ans en avertit ceux qui gardaient les prisonniers. Les ouvriers s'irritèrent d'autant plus de cette double tentative, que Bréa venait d'écrire : « Je suis à la barrière de Fontainebleau, entouré de braves gens, républicains, siocialistes et démocrates. »

Bientôt les femmes accourent en criant à la trahison et annoncent l'arrivée des troupes : les insurgés chargent leurs armes, et la première décharge est dirigée sur la fenêtre de la chambre où était le général, qui tomba frappé d'une balle.

Son aide-de-camp Mangin, qui était avec lui, périt également; les deux autres furent épargnés. Les troupes arrivèrent, en effet, au même instant, et s'emparèrent de la barricade; plusieurs de ceux qui la défendaient furent faits prisonniers, neuf autres furent fusillés chez un marchand de vin, qui fut tué d'un coup de sabre pour leur avoir donné asile.

La mort du général Bréa est l'acte qui a été le plus reproché à l'insurrection de Juin; tout en le déplorant profondément, on ne peut que s'étonner que les représailles n'aient pas été plus fréquentes.

Plusieurs représentants s'étaient répandus dans les quartiers de l'insurrection, les uns comme messagers de l'état de siége, pour exciter le zèle des troupes, les autres dans un but de pacification: aucun n'eut à souffrir de mauvais traitements de la part du Peuple. Deux d'entre eux cependant, Pierre Lefranc et Gambon, étaient au milieu des insurgés de la rue Saint-Antoine, au moment où deux parlementaires, envoyés par ceux-ci, furent tués, pendant une trêve, l'un d'un coup de fusil à bout portant par la garde mobile, l'autre d'un coup de baïonnette. La personne d'un parlementaire est-elle donc moins sacrée sous la blouse que sous l'habit d'un général ? Trois autres représentants, Drouet-Desvaux, Larabit et Galy Cazalat, passèrent la nuit au milieu des insurgés du faubourg Saint-Antoine sans qu'il leur fût fait aucun mal.

Dans le faubourg Saint-Marceau un représentant, Labrousse, se trouva pendant longtemps au milieu des insurgés, qui accueillirent ses paroles avec une grande déférence. Revenu sur la place de l'Hôtel-de-ville, il fut assez heureux pour sauver quelques prisonniers, que des gardes nationaux voulaient fusiller.

Deux autres représentants, Greppo et Louis Blanc, passaient sur le boulevard en se rendant à l'Assemblée, lorsque, devant le café de Paris, des gardes nationaux se ruèrent sur eux en accablant Louis Blanc d'injures et l'accusant d'avoir fondé les ateliers nationaux et d'être cause de tout le mal ; Louis Blanc répondit avec énergie à cette calomnie, mais déjà les baïonnettes étaient dirigées contre sa poitrine, lorsque Greppo renversa un des gardes nationaux d'un coup de poing. Les autres se précipitent aussitôt sur les deux représentants, les renversent et les traînent par les pieds. Ils ne durent la vie qu'à l'intervention courageuse des cuisiniers du café de Paris et d'un ou deux officiers.

Le représentant Lagrange, qui s'était rendu sur les barricades dans un but de conciliation, fut également insulté et fortement menacé par les gardes nationaux. On parvint à le sauver.

Plusieurs représentants, qui venaient du théâtre du combat, annoncèrent à l'Assemblée que sur quelques insurgés qui paraissaient exciter les autres, on avait trouvé des sommes considérables en argent et en or. Dans ce fait, qui ne flétrit en rien l'honneur de l'immense majorité des insurgés, car on ne corrompt pas tout un Peuple, la main des partis royalistes se montrait d'une manière flagrante.

L'Assemblée ne tint aucun compte de ces rapports. Il lui aurait fallu remonter jusqu'à des chefs bien connus du parti légitimiste, qui fréquentaient assidûment le club des ateliers nationaux quelques jours avant l'insurrection et avaient fait des propositions à divers chefs de brigade. Ce n'était pas de ce côté que l'Assemblée était décidée à trouver des ennemis ; elle accusait la Montagne, et la Montagne terrorisée se taisait. L'Assemblée se décida bien tard à faire une sorte de concession aux ouvriers : elle vota trois millions de secours. C'était dérisoire ; les ouvriers à qui cette nouvelle fut portée, demandaient du pain en attendant les trois millions.

Le quartier du Marais et le faubourg du Temple opposaient une vigoureuse résistance. Le général Négrier y fut tué. Les ouvriers envoyèrent un parlementaire à Lamoricière, en demandant seulement à sortir sans être faits prisonniers. Le général lui répondit que les insurgés devaient se rendre à discrétion, que l'armée et la garde nationale étaient fortes et bien pourvues de poudre et de plomb. « Et nous aussi », répondit le parlementaire, et il retourna vers ses camarades. Pendant le combat, des hommes furent arrêtés portant de l'argent pour les ateliers nationaux. Lamoricière voulait faire fusiller le directeur Lalanne, qui avait reçu ordre de continuer la paie, pour ne pas pousser à l'insurrection ceux des ouvriers qui s'en étaient encore tenus éloignés.

C'est dans le Marais et dans les quartiers Popincourt et du Temple que se livrèrent les combats les plus sanglants. C'est aussi là qu'on vit le plus de générosité dans le parti du Peuple, et d'acharnement parmi les vainqueurs.

Le vendredi, les défenseurs de la barricade de la rue des Coutures-Saint-Gervais avaient reçu parmi eux une quinzaine de gardes mobiles venus on ne sait dans quelle intention. Ils les traitèrent bien et les engagèrent à s'unir à eux. Comme les mobiles hésitaient, il leur fut dit : « Allez-vous-en si vous voulez, nous ne retenons personne par la force, » et on les laissa partir sans condition avec armes et bagages, après les avoir restaurés chez le marchand de vin. Le chef des barricades de ce quartier avait fait jurer à ses hommes de ne se défendre qu'à la dernière extrémité. En effet, pendant la journée du samedi, ils essuyèrent les décharges sans riposter. Deux prisonniers, un soldat de ligne et un tambour de la mobile étant tombés entre leurs mains, leur dirent : « Fusillez-nous ! — Les démocrates ne fusillent personne, » leur fut-il répondu.

Le Peuple était maître de deux mairies, celle du 8ᵉ et celle du 9ᵉ arrondissement. A la prise de la première, située place des Vosges, les employés s'imaginaient, d'après les bruits répandus par la réaction, que tout allait être livré au pillage ; mais les insurgés exigèrent, au contraire, que les scellés fussent apposés sur tous les meubles contenant de l'argent. Ayant appris que les actes de l'état civil étaient menacés par un incendie, rue des Tournelles, ils s'empressèrent d'aller éteindre le feu.

A la prise de la place des Vosges par le Peuple, les troupes rendirent leurs armes : les soldats furent traités en frères plutôt qu'en prisonniers ; tous ceux qui demandèrent à être mis en liberté furent relâchés sur-le-champ. Lorsque la place fut reprise, les soldats qui s'étaient rendus au Peuple furent les uns fusillés, les autres dégradés et traduits devant les conseils de guerre, pour un acte qui, en Février, avait valu à un régiment de ligne le titre de premier régiment de la République.

A l'église Saint-Gervais et à la mairie du 9ᵉ arrondissement, aucun vol, aucun dégât, aucun acte de violence ne fut commis par ce Peuple qu'on accusait de rêver le pillage. Lorsque la mairie fut reprise, tous les ouvriers qui y étaient furent fusillés : les cadavres furent amoncelés dans la rue jusqu'à la hauteur d'une barricade.

A la barricade de la rue d'Angoulême, le combat dura plusieurs jours; on renouvelait fréquemment les bataillons par crainte de décourager les soldats. Trente-neuf coups de canon furent dirigés sur la barricade et sur les maisons voisines.

Des dragons s'étaient engagés sur le pont à écluse qui coupe en cet endroit le canal Saint-Martin ; deux ouvriers firent tourner la mécanique, et les dragons tombèrent dans le canal ; aussitôt les ouvriers se jetèrent à l'eau pour les sauver. On les traita avec le plus grand soin, et on leur offrit du vin pur, tandis que le chef de la barricade en avait interdit l'usage à ses hommes, puis on les rendit à la liberté.

C'est là l'origine de cette histoire de dragons

mutilés que les journaux royalistes colportèrent le lendemain. Citons comme contraste la conduite des gardes mobiles qui jetèrent leurs prisonniers pieds et poings liés dans le canal du Temple. La ligne parvint à faire cesser ces noyades.

Le Marais et le faubourg du Temple furent dans la soirée au pouvoir des troupes. Les soldats, les gardes nationaux et les mobiles se répandirent aussitôt dans les maisons et y firent de nombreux prisonniers. Un grand nombre furent fusillés dans diverses maisons. Dans une cour, rue Vieille-du-Temple, on en fusilla trente-cinq. Au coin de la rue de l'Hôtel-de-Ville, soixante-quinze, qui s'étaient réfugiés dans une cave, en sortirent pour rendre leurs armes et furent fusillés. On en fusilla vingt rue Cloche-Perce, devant la maison d'un charbonnier. On en fusilla dix-sept en face de la caserne Popincourt, tandis que, peu de temps auparavant, le Peuple avait parfaitement traité quarante-cinq soldats qu'il avait faits prisonniers.

Dans la rue du Temple, un prisonnier fut assommé à coups de crosses et de baïonnettes par des gardes nationaux de la 6e légion qui le conduisaient. Des gardes nationaux de la 1re légion, qui s'étaient mis à l'abri la veille pendant l'orage au coin de la rue Culture-Sainte-Catherine, tirèrent sur les passants, et tuèrent entre autres une femme qui tenait son enfant dans ses bras, tandis qu'à la barricade de la rue Saint-Louis, un insurgé alla, pendant le combat, chercher du pain pour une pauvre femme, à travers les balles et au péril de sa vie.

Il y eut encore des prisonniers fusillés rue Saint-Paul, sur la dénonciation d'une femme; dans une maison voisine, un blessé fut fusillé dans son lit. Rue Saint-Antoine, un vieillard, presque impotent, qui était employé à la colonne, fut fusillé. Les cadavres étaient accumulés dans la cour d'une pension. On fusilla aussi rue des Amandiers-Popincourt, un père de quatre enfants, qui demandait grâce : une de ses cuisses fut presque détachée du tronc par les balles. On en fusilla plusieurs, avenue Parmentier, en face des abattoirs Popincourt; leurs parents allaient reconnaître les cadavres sur un tas de paille. On en fusilla trente-sept sur trois points différents de la rue du Roi-de-Sicile. On fusilla aussi rue de

Jouy et à la caserne de l'Ave-Maria. Les cadavres de ceux qui furent fusillés à l'Arsenal furent portés dans un chantier, place de la Bastille.

Sur la place Saint-Jean, dans le seul angle qui n'est pas percé d'une rue, on enferma, vers six heures du soir, quarante-neuf prisonniers au milieu d'une quadruple haie de soldats. Des gardes nationaux excitaient les troupes à les fusiller. Un officier de la garde mobile prétend reconnaître parmi les prisonniers un homme qui a tiré sur son capitaine, et saisit le fusil d'un soldat qui refuse de livrer son arme, mais promet de tirer au commandement de l'officier. Celui-ci ordonne de faire feu, et aussitôt deux feux de peloton se font entendre ; on tira ensuite plus de deux cents coups pour achever les victimes.

L'officier alla se vanter de son action auprès d'un représentant. Pendant le massacre, les femmes applaudissaient aux fenêtres des maisons voisines.

Mais le lieu principal des exécutions était toujours l'Hôtel-de-Ville. Lorsque la garde nationale ou la mobile ramenaient des prisonniers par l'escalier qui se trouve à l'extrémité de la rue

Lobeau, on leur criait d'en bas : « Nous n'avons plus de place, donnez-leur de l'air. » Les prisonniers étaient poussés au bas de l'escalier au milieu d'une mare de sang et tombaient sous les balles ; de temps en temps on relevait les cadavres et on les portait à la salle Saint-Jean ; le sang coulait en larges ruisseaux sur le quai.

Que signifiaient, après cela, les hypocrites proclamations faites le lendemain ou le surlendemain par Cavaignac : « Que mon nom soit à jamais maudit si je consens à voir des victimes dans les vaincus. » Que signifiaient ces phrases, alors que depuis quatre jours on fusillait presque à chaque coin de rue des hommes qui s'étaient rendus sur une solennelle promesse d'amnistie, qu'il y avait un mot d'ordre comme lors des massacres de septembre, et que l'assassinat était organisé au vu et su de toute la ville ?

CHAPITRE XVIII.

Attaque et prise du Clos Saint-Lazare.—Attaque du faubourg Saint-Antoine.—Probité du Peuple.—La caserne de Reuilly prise par le Peuple et reprise par les troupes.—Fusillades des prisonniers. Ivresse des mobiles et bruit d'empoisonnement.—Analyse de l'eau-de-vie et des balles par les chimistes.
Propositions de paix faites par les ouvriers.—Mort de l'Archevêque.—Proclamation du Peuple.—Journée du 26.—Capitulation du faubourg.—Massacre des prisonniers.—Adieu des insugés à leurs frères morts.

Par suite de la funeste tactique du Peuple, qui se disséminait derrière chaque barricade au lieu de se porter en fortes colonnes sur quelques points importants, le système de concentration adopté par Cavaignac avait parfaitement réussi. L'insurrection avait été peu à peu refoulée vers les barrières, et, dans la soirée du samedi, le Peuple n'occupait plus que le faubourg Saint-Antoine et l'extrémité du faubourg Poissonnière.

Dans ce dernier quartier, le Peuple s'était retranché dans le clos Saint-Lazare et dans les bâtiments d'un hôpital en construction. Ces bâtiments servirent aux ouvriers de citadelle. Pendant trois jours on les attaqua sans succès. Ce fut là qu'ils fusillèrent un des leurs qui avait profité de l'occasion pour accomplir un acte de vengeance. Cette conduite donne la mesure de la foi du Peuple dans la sainteté de sa cause. On cite aussi un épisode remarquable de ce combat : un insurgé aperçut son fils dans les rangs de la garde mobile, et, jetant son fusil à terre, essuya le feu de son fils. Un ami du duc d'Aumale, capitaine de la garde mobile, fut pris pendant le combat par les ouvriers, qui le mirent en liberté, bien qu'il leur eût annoncé qu'il les attaquerait de nouveau. Enfin, après trois jours d'une résistance héroïque, le clos Saint-Lazare tomba au pouvoir des troupes. Nous ignorons ce qu'on fit des prisonniers ; comme la caserne Poissonnière est la plus rapprochée, il est probable que ce fut là qu'on les conduisit. Or, on sait qu'à la caserne

Poissonnière on fusilla les prisonniers. A la caserne Saint-Martin, le quartier étant déjà pacifié, on ne voulut pas effrayer les bourgeois par le bruit d'une fusillade : les prisonniers furent dépecés à coups de sabre et de hache.

Dans la matinée du lundi 26, le faubourg Saint-Antoine restait seul au pouvoir du Peuple.

Soixante quatre barricades s'élevaient de la barrière à la place de la Bastille. Le Peuple avait organisé trois fabriques de poudre : on forçait les pharmaciens à en faire. D'ailleurs, grâce aux cours de chimie du Conservatoire des Arts-et-Métiers, un grand nombre d'ouvriers connaissaient la fabrication facile de la poudre coton. Le Peuple occupait la plupart des maisons du faubourg, mais il montrait partout le plus grand respect pour la propriété. Dans une des maisons de la rue de la Roquette dont les insurgés s'étaient emparés, le propriétaire retrouva 8,000 fr. en espèces qu'il y avait laissés. Un marchand de fer avait été contraint de livrer vingt barres de fer pour faire des barricades, les ouvriers lui en rapportèrent vingt-cinq, en lui disant : Il y en a cinq dont nous ne connaissons pas le propriétaire, si on les réclame vous les rendrez. On cite aussi un horloger, dont la boutique fut occupée par les insurgés et qui n'eût pas à constater la perte d'un seul bijou. Quelques bourgeois avaient des craintes pour leur propriété, on leur donna des sentinelles. La sobriété des insurgés n'était pas moins remarquable que leur désintéressement; partout ils s'abstenaient de vin pur pendant le combat.

En général, le Peuple du Faubourg Saint-Antoine garda ses barricades au lieu de se porter en masse à l'attaque de l'Hôtel-de-Ville. Cette inaction est expliquée par le bruit répandu parmi les ouvriers d'une victoire générale de l'insurrection dans les autres quartiers. Aussi, pendant trois jours, ils perdirent leur temps à l'attaque de la caserne de Reuilly et de la place des Vosges, et ne commencèrent à s'ébranler qu'alors que les autres points étaient déjà réduits.

La caserne de Reuilly était occupée par des soldats du 48ᵉ de ligne. Parmi les ouvriers qui l'attaquèrent se trouvait un ancien sergent du régiment qui avait obtenu un congé quelques mois auparavent. Ce sergent se présenta en parlementaire et demanda des cartouches. Le capitaine qui commandait la caserne répondit qu'il allait en envoyer, mais une à une, et ordonna immédiatement le feu. La caserne résista deux jours. On mit le feu à la porte, derrière laquelle on trouva une barricade de lits de fer.

Lorsque le Peuple s'empara de la caserne, elle était vide. Les soldats y rentrèrent quelque temps après, y firent quarante prisonniers et les attachèrent dans les chambres, chacun au pied d'un lit. Le combat continua au dehors, et lorsqu'il fut terminé, le capitaine ordonna de fusiller les prisonniers. Quant à l'ancien sergent, on le garda trois jours attaché, afin que les soldats pussent venir l'insulter et le maltraiter, après quoi on le fusilla. La troupe donna dans ces tristes journées la mesure de son culte pour la discipline.

Quant aux gardes mobiles, ils ne se contentaient pas d'exécuter les ordres, ils les prévenaient souvent, excités d'ailleurs par leurs chefs, dont la plupart appartenaient à de riches familles, et souvent aussi par la garde nationale. Leur fureur était poussée à un paroxisme effrayant par une ivresse presque continuelle qui présenta quelquefois les symptômes de l'empoisonnement. Ce fut pour la réaction l'occasion de calomnies nouvelles; on répandit le bruit que des cantinières, gagnées par les démocrates, vendaient de l'eau-de-vie empoisonné aux troupes.

Des analyses faites par les plus illustres chimistes, notamment par M. Pelouze, démontrèrent l'absurdité de ces bruits, aussi bien que de ceux qu'on répandait sur les balles empoisonnées dont se seraient servis les insurgés. Mais plusieurs cantinières faillirent payer de leur vie cette déplorable calomnie : un représentant, Germain Sarrut, sauva une de ces malheureuses femmes en lui faisant boire un verre de son eau-de-vie en présence des soldats qui voulaient la fusiller.

Les ouvriers du faubourg Saint-Antoine n'avaient pas reçu de nouvelles depuis trois jours; croyant l'insurrection victorieuse, ils voulaient faire des conditions, et demandaient, avant tout, des garanties de travail en temps de chômage et l'élargissement des prisonniers de Vincennes. Sur les observations de trois représentants, ils finirent par se borner à demander de conserver leurs droits de citoyens. Larabit, laissant ses deux collègues comme otages, alla avec deux ouvriers porter cette demande à l'Assemblée, en déclarant qu'elle était si juste, qu'il lui semblait impossible de n'y point adhérer. Senard, président de l'Assemblée, et le général Cavaignac, refusèrent d'accorder l'amniste, et Larabit revint se constituer prisonnier des ouvriers.

Cependant, l'archevêque de Paris, Denis Affre, conçut l'espérance d'arrêter la lutte, en portant aux ouvriers des paroles de conciliation. Il se rendit sur la place de la Bastille, accompagné de ses deux grands vicaires et d'un jeune homme en blouse qui portait une branche d'arbre. Il obtint que les troupes suspendissent le feu, et s'avança sur la barricade ; les ouvriers, quittant leurs armes, vinrent à sa rencontre ; mais, à peine leur avait-il adressé quelques paroles qu'un coup de fusil part, les insurgés crient à la trahison, l'archevêque tombe dans leurs bras frappé d'une balle qui l'avait atteint dans les reins, et qui, par conséquent, ne pouvait venir que du côté opposé à la barricade ; quelques-uns veulent que la balle soit partie d'une fenêtre : il y avait, à quelques pas, une maison occupée par la mobile. Les insurgés enveloppèrent l'archevêque, et, l'ayant relevé avec des marques de respect, le portèrent à l'hospice des Quinze-Vingts où il passa la nuit sous leur garde. Ils firent signer, par l'un des vicaires-généraux, une lettre attestant qu'ils étaient étrangers à ce meurtre. L'archevêque fut transporté à l'archevêché où il mourut au bout de quelques heures ; ses dernières paroles furent celles-ci : « Puisse mon « sang être le dernier versé ! » Mais ce souhait ne fut pas exaucé ; le combat recommença, et, après le combat, les massacres continuèrent.

Dès la matinée du dimanche, les ouvriers avaient attaché un drapeau rouge au sommet de la colonne de Juillet ; aussitôt le rappel fut battu par eux, et l'appel suivant affiché sur les murs du faubourg :

« AUX ARMES !

« Nous voulons la République démocratique et sociale !

« Nous voulons la souveraineté du Peuple !

« Tous les citoyens d'une République ne doivent et ne peuvent vouloir autre chose.

« Pour défendre cette République, il faut le concours de tous.

« Les nombreux démocrates qui ont compris cette nécessité sont déjà descendus dans la rue depuis deux jours.

« Cette sainte cause compte déjà beaucoup de victimes ; nous sommes tous résolus à venger ces nobles martyrs ou à mourir. Alerte ! citoyens, que pas un seul de nous ne manque à cet appel.

« En défendant la République nous défendons la propriété.

« Si une obstination aveugle vous trouvait indifférents devant tant de sang répandu, nous mourrons tous sous les décombres incendiés du faubourg Saint-Antoine.

« Pensez à vos femmes, à vos enfants, vous viendrez à nous ! »

Cette proclamation parlait de l'incendie du faubourg; en effet, le feu avait été mis par les troupes à une maison de la rue de la Roquette occupée par un grand nombre d'ouvriers. Quelques-uns essayèrent de s'échapper par les toits;

on les fit tomber à coups de fusil ; plus de quatre-vingts se réfugièrent dans la cave et rendirent leurs armes par le soupirail, ils furent tous fusillés.

Le faubourg ne se mit en mouvement que lorsque l'insurrection était vaincue partout. Les colonnes insurgées qui s'engagèrent au delà de la place de la Bastille furent repoussées. Le lundi, le général Perrot, qui commandait l'attaque du faubourg Saint-Antoine, le même qui commandait les troupes à Paris le 23 février, avait donné aux ouvriers jusqu'à dix heures pour se rendre. Depuis la veille, le combat avait quelque chose de plus sinistre encore que les jours précédents ; les femmes s'élançaient sur les barricades en criant aux soldats : « Puisque vous avez tué nos maris et nos frères, tuez-nous aussi ! » Cependant des pourparlers eurent lieu entre les chefs des premières barricades et le ministre de l'intérieur Recurt, accompagné d'un capitaine d'artillerie de la garde nationale. Des paroles de regret réciproque furent échangées. L'amnistie fut promise, et à onze heures le Peuple capitula. Trois bataillons entrèrent dans le faubourg.

Quelque temps après la reddition du faubourg, un coup de fusil parti des rangs de la troupe alla tuer un insurgé; comme à l'ordinaire, on l'attribua à un malentendu, et, quand les ouvriers ripostèrent, ce fut eux qu'on accusa de trahison. Cependant, religieux observateurs de leur parole, ils se retirèrent en se laissant désarmer. Ils ignoraient le sort qu'on faisait partout subir aux prisonniers; dès la veille, on en avait fusillé un grand nombre dans un chantier de la place de la Bastille; il y avait parmi eux un enfant de treize à quatorze ans qui se mettait à genoux et demandait grâce; un garde mobile voulait le sauver, mais les autres le tuèrent à coups de baïonnettes en lui disant : Tiens, voilà ta grâce!

Chez un marchand de vin, à l'extrémité du pont d'Austerlitz, on fusilla neuf mariniers; sur l'esplanade voisine, vingt-six hommes furent fusillés le même jour. On en fusilla aussi avenue de Reuilly, et jusque sur les glacis de Vincennes. Des hommes, des femmes et des enfants qui s'étaient réfugiés, après la prise de ce quartier, dans le cimetière du Père-Lachaise, furent fusillés par la garde mobile. On voulait même tuer un fossoyeur.

A la barrière Ménilmontant, comme on fusillait un grand nombre de prisonniers, deux soldats de la ligne, qui avaient été faits prisonniers par le Peuple et rendus à la liberté sur parole, essayèrent, mais souvent sans succès, de s'opposer à ces actes de férocité, en disant que les insurgés ne leur avaient fait aucun mal, et que, après s'être contenté de les désarmer, ils les avaient traités avec humanité, et ne les avaient laissé manquer de rien. Dans l'impasse Ménilmontant, un prisonnier fut fusillé et grillé sur un tas de paille.

Dans le petit bois voisin du passage Ronce, on fusilla des hommes sans armes sous prétexte que leurs mains sentaient la poudre. Dans le chemin creux qui conduit aux buttes Piat, à Belleville, et jusque dans le bois de Romainville, on poursuivit des ouvriers comme dans une chasse aux bêtes fauves. Citons encore les fusillades que M. Edmond Adam vit sans pouvoir les empêcher, et les hommes lardés à coups de baïonnettes et de sabres sous les yeux de M. Lefèvre, inspecteur des prisons, qui, plus heureux, parvint à sauver deux à trois cents citoyens. Nous ignorons si ces faits se passèrent pendant ou après la lutte, nous les rappelons avant de terminer ce récit. Nous avons hâte d'en finir avec ces horreurs.

Comme les autres quartiers, le faubourg Saint-Antoine fut après le combat le théâtre de perquisitions, d'arrestations sans nombre, d'exécutions et même de pillage; plusieurs femmes furent violées; trois furent précipitées d'une fenêtre rue de Charenton.

Le malheureux faubourg présentait l'aspect déplorable d'une ville saccagée et bombardée; les maisons situées aux environs de la Bastille étaient criblées de balles, et quelques-unes à moitié démolies par les boulets. Aussitôt que les barricades furent détruites, les riches du faubourg Saint-Germain vinrent en équipages, avec leurs femmes et leurs maîtresses, visiter les ruines du quartier des pauvres.

On fit de magnifiques funérailles aux gardes nationaux et aux soldats. Quant aux ouvriers, ils furent entassés dans des tombereaux et portés aux cimetières, dans la fosse commune. Voici l'adieu qui leur fut adressé par un de leurs frères :

Puisque vos ennemis couronnent d'immortelles
Le cercueil triomphal où reposent leurs morts,
Pendant que, sans honneurs, entassés pêle-mêle,
Dans la fosse commune on va jeter vos corps ;

Recevez le tribut de nos larmes muettes,
Frères, nous suivrons seuls vos restes vénérés,
Et nous visiterons, pendant les nuits discrètes,
Le coin du cimetière où vous reposerez.

Mais non : derrière vous nous marcherons sans larmes,
Car vous êtes tombés pendant les saints combats,
L'espérance dans l'âme et la main sur vos armes ;
Nous qui vous survivons, nous ne vous pleurons pas.

O frères, lorsqu'il faut que la Liberté meure,
Heureux ceux qui vont la retrouver dans la mort !
La part qui vous est faite, hélas ! est la meilleure,
Et c'est à vous, sans doute, à pleurer notre sort.

Martyrs, dormez en paix : votre cause était sainte !
Et vos noms blasphémés, qu'on veut enfin ternir,
Après les jours de haine affronteront sans crainte
Le calme jugement d'un plus juste avenir.

Vous avez supporté, depuis votre victoire,
Bien des nuits d'agonie et bien des mornes jours,
Confiants, résignés, et ne voulant pas croire
Que vos élus aussi vous trahiraient toujours.

Chacun de vous trouvait, en rentrant dans son bouge,
Pour hôtes obstinés la misère et la faim
Jusqu'au jour où l'on vit flotter le drapeau rouge
Où vous aviez écrit : « Du travail ou du pain : »

Mais vos maîtres, devant les saintes barricades,
Au testament sinistre inscrit sur vos drapeaux,
Répondaient, à travers les longues fusillades :
« L'ordre de Varsovie et la paix des tombeaux. »

Et vous tombiez, les uns sur le pavé des rues,
Sous le fer et le plomb, moins cruels que la faim,
Les autres, désarmés, le long des avenues,
Sur le sable sanglant de l'abattoir humain.

Ah! du moins, vous n'avez pas vu sous la mitraille
Vos femmes et vos sœurs s'élancer pour mourir;
Aux yeux fermés pendant la dernière bataille,
La bienfaisante mort dérobe l'avenir.

O plus heureux que nous! vous ne pouvez entendre
La calomnie hurlant autour de vos tombeaux,
Sans qu'il se lève un seul ami pour vous défendre
Et rejeter l'injure au front de vos bourreaux.

Vous quittez avant nous une terre maudite
Où Dieu même est toujours du parti du plus fort,
Où le pauvre est esclave, où sa race est proscrite,
Où la faim n'eût jamais qu'un remède, la mort.

Lorsque vous nous tendiez, au plus fort des batailles,
Votre arme vengeresse échappée à vos bras,
Nous vous avions promis de justes représailles,
Et nos bras enchaînés ne vous vengeront pas.

Vous ignoriez le sort qu'ils gardaient à vos frères,
L'ivresse des vainqueurs, leurs rires insultants,
Et la sanglante orgie, et les froides colères;
Frères, dormez en paix: vous êtes morts à temps.

CHAPITRE XIX.

Suites de l'insurrection.— Récompenses données aux vainqueurs.— Dénonciations, perquisitions et arrestations.—Prisonniers fusillés dans les maisons, les rues et les casernes. Le féderalisme.—Invasion des gardes nationaux de province.—Les prisonniers des cavaux des Tuileries.—Massacre du Caroussel. Les prisonniers de l'École-Militaire. — Les prisonniers blessés. — Translation des prisonniers dans les forts.—Leurs souffrances.— Derniers massacres.

En même temps l'Assemblée décernait aux mobiles la reconnaissance de la patrie, le chef du pouvoir exécutif les décorait de sa main, la bourgeoisie les portait en triomphe, les femmes de l'aristocratie leur jetaient des fleurs et se faisaient leurs cantinières, entrant dans leurs tentes et dans leurs casernes, comme autrefois leurs mères dans celles des cosaques. Ajoutons, pour l'honneur de l'espèce humaine, que d'autres femmes allaient, pendant ce temps, implorer de l'Assemblée une amnistie pour les vaincus; on les empêcha d'approcher.

Depuis que Cavaignac s'était décidé à faire agir l'armée, il avait voulu lui laisser l'honneur exclusif de la victoire; dès le second jour la garde nationale avait été éloignée du théâtre du combat et reléguée dans les postes où elle n'avait affaire qu'aux prisonniers. Aussi les gardes nationaux, si peu nombreux le vendredi, se rendirent à l'appel dès le dimanche. L'adjoint du 11e arrondissement attribue cette différence à la peur; tous ceux qui ne parurent pas dans les rangs, c'est-à-dire la presque totalité des prolétaires, furent désarmés. Les nouveaux venus firent oublier leur inaction pendant le combat par leur zèle à poursuivre les vaincus. On répandit à flots les croix d'honneur; après février le Peuple n'avait pas voulu de décorations; celles de juin furent aussi nombreuses que celles de la première année de Louis-Philippe : celles-ci, du moins, n'étaient pas le prix du sang. Une sorte de police réactionnaire s'organisa partout. Les dénonciations anonymes, les perquisitions à domicile remplirent les prisons, vidées en partie par les exécutions des jours précédents. Environ douze mille personnes furent arrêtées ; la plupart de ces arrestations avaient pour motifs des opinions républicaines connues, le plus souvent des haines personnelles ou même la crainte d'une concurrence de boutique. Elles s'opéraient avec une violence sans exemple, au milieu des vociférations, des injures et des coups de crosses de fusil. Rue de l'Arbre-Sec, des gardes nationaux arrêtèrent un garçon boucher parce qu'ils prétendirent avoir vu son camarade aux barricades. Sur le Carrousel, un homme, reconnaissant son ami parmi des prisonniers, voulut lui serrer la main : l'officier qui conduisait le convoi le saisit et le fit marcher avec les prisonniers.

Les prisonniers étaient souvent fusillés dans leur propre maison ou au coin des rues. Dans la rue Cloche-Perche, des insurgés, en se sauvant, avaient jeté leurs fusils par le soupirail d'une cave dans laquelle un vieux concierge impotent s'était caché ; il fut pris et fusillé dans sa cour. On fusilla aussi, rue Culture-Sainte-Catherine, le garçon d'un café, parce qu'on avait trouvé dans la cave un fusil jeté par le soupirail ; un concierge, après avoir conduit, dans toutes les chambres, des gardes mobiles qui voulaient faire une perquisition, fut fusillé par eux sous prétexte qu'il était assez vieux pour faire un mort. Au faubourg du Temple, près de la caserne, la garde mobile fusilla un garde national qui venait de rentrer chez lui fatigué de son service, malgré ses camarades qui attestaient qu'il sortait à peine de leurs rangs. On fusilla aussi, au coin de la rue Ménilmontant et de la rue Saint-Louis. A la prison de Saint-Lazare, près de cent personnes furent fusillées dans la cour. Il n'est peut-être pas une caserne où il n'y ait eu des massacres semblables pendant et après la victoire : on fusilla notamment à la caserne du Foin, près la rue Saint Jacques, à la caserne de la rue des Grés, occupée par la garde républicaine ; un habitant de cette rue qui causait avec le commandant de cette caserne, s'écria, en entendant une décharge : « Voilà les insurgés qui reviennent ; » le commandant lui répondit : « Ceux-là ne sont plus à craindre. » Plusieurs fois, pendant la nuit, il entendit d'autres décharges.

Au coin de la rue des Mathurins-Saint-Jacques, dans la cave d'une maison en démolition, des prisonniers furent fusillés par la garde mobile, en présence de plusieurs gardes nationaux ; l'un de ceux-ci parvint à sauver un prisonnier au péril de sa vie ; deux autres le conduisirent à la caserne de la rue de Tournon ; on ouvrit la porte d'une cave qui servait de prison, et les deux gardes nationaux reculèrent devant l'odeur pestilentielle qui s'en exhala : le prisonnier les regarda avec dédain et descendit d'un pas ferme dans la cave.

Non loin de là, rue Racine, un capitaine de la garde nationale parvint à sauver deux prisonniers, en les prenant par le bras ; mais, au milieu de la rue, les deux hommes furent violemment arrachés de son bras par d'autres gardes nationaux, dont l'un l'assomma par derrière d'un coup de crosse de fusil. Un fait presque semblable se passa rue des Mathurins : un garde national dit à deux de ses camarades qui emmenaient un prisonnier : « Vous êtes bien bons de prendre cette peine, fusillez donc ça. » Aussitôt un mobile déchargea son arme à bout portant entre les épaules du prisonnier. Mais nous n'en finirions pas si nous voulions raconter tous ces assassinats isolés, dont chaque quartier a été témoin. Les hommes qui s'en sont rendus coupables et qui s'en vantaient pendant les premiers jours, baissent aujourd'hui la tête devant ceux qui ont eu le bonheur et le courage de sauver quelques victimes.

Depuis le commencement de l'insurrection, on avait appelé à Paris les gardes nationales de la province ; il en vint des pays les plus éloignés. Le fédéralisme, qui avait failli étouffer la République de 93, venait porter un dernier coup à celle de 1848. La plupart des gardes nationaux étrangers qui se jetaient ainsi sur Paris ignoraient pourquoi on les avait appelés ; quelques-uns entraient au cri de Vive Napoléon ! et croyaient qu'il s'agissait de rétablir la monarchie. La haine des campagnes contre le Peuple de Paris put se donner une libre carrière. Un épisode caractéristique de cette sorte d'invasion de barbares se passa sur le quai des Tuileries : des gardes nationaux de la banlieue, voyant passer un homme en blouse, l'arrêtèrent et voulurent le fusiller; un représentant l'arracha de leurs mains, et chercha à leur expliquer qu'il y avait à Paris des hommes en blouse qui n'étaient pas des insurgés; mais, à peine les eut-il quittés, que l'homme fut repris et fusillé.

Dans le haut du faubourg Saint-Denis, la garde nationale de Pontoise tira sur une compagnie de gardes nationaux de Paris, parce que la plupart étaient en blouse.

Des gardes nationaux de province furent chargés de la garde des Tuileries. Il y avait environ un millier de prisonniers dans le souterrain étroit de la terrasse du bord de l'eau. De tous les prisonniers, ce furent ceux-là qui souffrirent le plus. On leur donna du pain et de l'eau, mais en quantité si insuffisante, que quelques-uns burent leur urine. L'air méphytique et irrespirable de ce caveau forçait les prisonniers à s'approcher des soupiraux pour chercher un peu d'air. Alors les sentinelles tiraient par les lucarnes. Il y en avait un qui racontait qu'il avait été pris au moment où il allait chercher un médecin pour sa femme, surprise par les douleurs de l'enfantement ; songeant qu'il l'avait laissée seule sans secours, il s'écria : « Mon Dieu ! mon Dieu ! » et, mettant sa tête dans ses mains, il s'accouda sur la lucarne ; alors une balle le frappa à la tête, et sa cervelle jaillit sur le mur.

Les blessés et les morts tombaient dans une boue sanglante et pestilentielle, qui montait jusqu'à la cheville des prisonniers. On amena parmi eux un vieillard qui pleurait et disait qu'il n'était pas insurgé, et qu'il était venu à Paris pour voir son fils ; alors un garde national lui déchargea un coup de fusil sur l'épaule, un autre l'abattit d'un second coup de fusil, et un troisième l'acheva d'une balle, en disant : « Je pourrai au moins dire que j'ai tué un moineau dans sa cage. » Le cadavre resta deux heures sur l'escalier.

Plusieurs gardes nationaux voulurent prendre la clef du caveau, qui était entre les mains du gardien ; un chef de bataillon de la ligne s'y opposa, et menaça de les balayer avec son bataillon s'ils persistaient. Ils se retirèrent ; mais le soir, vers onze heures, on fit sortir deux cents prisonniers en leur disant : « Mes amis, on va vous donner de l'air. » On sait que c'était le mot d'ordre. Ils marchèrent trois par trois avec quatre gardes nationaux de chaque côté. La colonne se dirigea sur le quai par le guichet du pavillon de Flore ; mais, à la hauteur du pont, elle tourna à gauche et rentra au Carrousel par le guichet de l'Orangerie. Lorsqu'elle fut arrivée entre le phare et l'hôtel de Nantes, elle s'arrêta : les gardes nationaux s'écartent de quelques pas, abaissent leurs fusils, et font feu. Une horrible mêlée commence ; les prisonniers tombent, et les gardes nationaux continuant à tirer, plusieurs dans l'obscurité furent atteints par les balles de leurs camarades, malgré la recommandation qui leur avait été faite de ne pas tirer les uns sur les autres, et que plusieurs prisonniers avaient entendue.

Aussitôt l'alarme est donnée, et onze postes voisins prennent les armes. Les soldats de la garde marine qui composaient l'un de ces postes tirèrent sur le groupe de prisonniers et de gardes nationaux. Ceux des prisonniers qui ne purent se relever furent achevés à coups de baïonnettes ; les autres essayèrent de fuir, mais toutes les issues étaient gardées ; à chaque porte ils étaient reçus à coups de fusil ; quelques-uns se rendirent à un officier de la garde marine, et, malgré les gardes nationaux, qui voulaient les fusiller, ils furent conduits dans les caves du Palais-National, et dans les caveaux d'où ils sortaient. Quatre parvinrent à se cacher dans les chantiers de bois qui sont auprès du Louvre : quand le jour fut venu, des femmes les dénoncèrent à des gardes nationaux, qui les lardèrent de coups de baïonnette. Cette exécution dura une demi heure; ils étaient déjà morts, mais on les frappait toujours. Le lendemain, on versa du sable sur la place pour couvrir le sang. Comme il y avait eu des gardes nationaux tués, on ne pouvait cacher ce massacre comme on avait caché ou cru cacher les autres ; on l'attribua à un hasard, à une tentative d'évasion, etc.

Les prisonniers échappés au massacre du Carrousel furent les uns ramenés aux cavaux des Tuileries, les autres conduits au Palais-National occupé par la garde marine et la garde nationale de Sèvres. Quelques-uns de ces derniers furent fusillés dans une des cours, d'autres renfermés dans des caves où ils eurent beaucoup à souffrir de la part de quelques soldats de la garde marine ; un d'entre eux effrayé de quelques paroles qui arrivaient jusqu'à eux, et d'un bruit sourd, comme de corps qu'on assomme, parti d'une cave voisine, se pendit dans un coin de la cave.

Cependant, aux Tuileries, après le départ des prisonniers conduits au Carrousel, et pendant les deux nuits suivantes, on entendait à intervalles réglés des roulements de tambours suivis de feux de pelotons irréguliers mais nourris, ensuite un grand silence et le cri : Sentinelles, prenez garde à vous ! Les prisonniers des caveaux entendaient les cris de leurs frères ; un grand nombre devinrent fous ; il y en eut un qui se pendit. Comme les habitants du quartier commençaient à s'inquiéter de ces feux de peloton nocturnes, il y eut un ordre, attribué à Lamoricière, de ne plus tirer de coups de fusil sur les prisonniers qui tenteraient de s'évader, mais d'user de la baïonnette ; comme s'ils avaient pu fuir avec des portes murées et des fenêtres grillées.

Cependant M. de Cormenin, chargé de visiter les prisons, n'avait pu pénétrer dans les souterrains des Tuileries ; le jeune médecin de l'ambulance avait été malade pour y être resté un quart-d'heure. On commença à craindre que le typhus, sortant de ce foyer d'infection, se répandît dans la ville. On fit sortir les prisonniers et on les conduisit à l'École-Militaire : ceux qui étaient devenus fous furent fusillés ; la porte pratiquée à l'extrémité du souterrain fut murée, comme si l'on craignait qu'en le parcourant on ne découvrit une vérité terrible. Le mur porte, dans plusieurs endroits, des traces de balles.

On dit qu'il y eut des prisonniers fusillés à l'École-militaire ; ce qui est certain c'est qu'on y entendit plusieurs fois, la nuit, des feux de peloton ; un capitaine de la ligne, en recevant un convoi d'environ 250 prisonniers, dit à l'officier de la garde nationale qui les conduisait que le lendemain il n'en serait plus question ; sur le passage d'un autre convoi de prisonniers, dans la direction du Champs-de-Mars, un officier entrait dans tous les postes et disait aux soldats de ne pas s'inquiéter des coups de feu qu'ils allaient entendre, qu'on allait fusiller des prisonniers. Enfin l'un des prisonniers venus des caves du Palais-National, entendit un factionnaire dire, en parlant des prisonniers enfermés avec lui : « Ceux-là sont plus adroits que les autres, ils savent ce qui les attend et ils s'entendent pour ne pas faire de bruit » ; les prisonniers en conclurent que le moindre bruit serait le prétexte d'une exécution.

Dans une des caves de l'École-Militaire, un prisonnier, devenu fou, s'étant mis à crier, la sentinelle tira au hasard dans le tas : plusieurs tombèrent. Un des prisonniers qui n'avait dû la vie qu'à la protection d'un garde national, reçut onze balles dans son cachot ; il survécut à tant de blessures ; il est aujourd'hui transporté.

Dans une autre cave, les prisonniers étaient entassés, par une chaleur étouffante, sans pain, sans eau ; ils se plaignirent : un officier se promenait de long en large devant le soupirail de cette cave ; il les entendit.

— Qui se plaint ? dit-il.

— Nous avons faim, faites-nous donner du pain.

— Attendez...

Aussitôt il prit le fusil d'un factionnaire et le déchargea par le soupirail ; un des prisonniers tomba.

— Qui a encore faim, dit l'officier en ricanant, je vais le servir ?

Parmi tous ces prisonniers, il se trouvait un grand nombre de blessés ; ils étaient traités comme les autres. Ceux qui se trouvaient dans les hôpitaux étaient parqués à part et gardés à vue par des gardes nationaux la baïonnette au bout du fusil. Sous le plus futile prétexte, on les transportait d'un lit à un autre, d'une salle à une autre, sans s'inquiéter des conséquences désastreuses d'un pareil déplacement. Quelques-uns étaient attachés dans leur lit avec des cordes, comme des animaux féroces. Tout cela se faisait par mesure administrative et par ordre supérieur ; on n'en peut accuser les médecins, dont la plupart s'y opposaient avec énergie. Mais on conçoit qu'avec de pareils traitements, la mortalité fut bien plus grande parmi les blessés du Peuple que parmi leurs ennemis. Aussi la plupart des insurgés blessés aimaient-ils mieux, lorsqu'ils pouvaient échapper aux recherches, se faire soigner chez eux, où ils mouraient presque tous faute de secours et de médicaments.

Pendant plus de huit jours les campagnes des

environs de Paris furent battues en tout sens, et les hommes qu'on arrêtait, considérés comme insurgés, sur les plus faibles indices, furent fusillés. On dit que quatre-vingts prisonniers furent fusillés dans la plaine de Grenelle. On en fusilla aussi au cimetière du Montparnasse et environ une centaine dans les carrières de Montmartre.

L'encombrement des prisons de Paris faisait craindre de plus en plus l'invasion du typhus. Déjà deux à trois cents prisonniers avaient péri d'asphyxie dans les caves de l'Hôtel-de-Ville. Au bout de quelque temps, les prisonniers furent transférés dans les forts des environs de Paris. Pendant les premiers jours, ces malheureux avaient passé quelquefois jusqu'à trente heures sans nourriture. La plupart avaient leurs vêtements en lambeaux. Pendant la translation, les ordres les plus sévères étaient donnés : à la moindre tentative d'évasion, au moindre cri poussé par un des prisonniers, les soldats qui les conduisaient avaient ordre de faire feu. Le bruit a couru que cet ordre avait été exécuté pour un des convois ; nous croyons ce fait inexact, mais partout, sur leur passage, les habitants de la banlieue les accablaient d'injures et excitaient les troupes à les fusiller. Ils étaient liés comme des forçats; quelques-uns furent obligés de faire le trajet nu-pieds.

Après leur arrivée, ils eurent souvent beaucoup à souffrir de l'irrégularité du service. Au fort de l'Est, les prisonniers, transférés par une pluie battante, au milieu de la nuit, ne purent pendant vingt-quatre heures, obtenir, même avec de l'argent, le pain et l'eau qui leur manquaient; on répondait à leurs réclamations par la dérision et les menaces; on braquait et on chargeait les canons devant eux. Quelques-uns furent atteints d'aliénation mentale et d'autres succombèrent au bout de quelques jours. Au fort de Rosny, on obligea les prisonniers à faire toute espèce de corvées, jusqu'au lavage des appartements de la direction et des casernes des mobiles qui les gardaient. On leur donnait pour aliments une boule de son et un peu de soupe, pour lit le quart d'une botte de paille. A la Conciergerie, on les fit coucher dans le préau de la cour.

On les jetait pêle-mêle dans des casemates froides et humides, sans air et sans lumière. Au fort de Romainville, un factionnaire tira sur un prisonnier qui priait Dieu devant les crénaux ; c'était un vieillard ; il dit : « Mon Dieu ! ma fille ! » et il tomba. Loin d'être puni, son assassin fut récompensé : on le fit passer dans une compagnie d'élite. Un autre soldat subit quatre jours de cachot pour avoir refusé de faire feu sur un prisonnier qui demeurait devant les barreaux pour prendre l'air.

Dans une casemate où on avait enfermé des enfants (car quelques prisonniers avaient moins de treize ans) un de ces pauvres petits s'étant accroché pour respirer, à la grille d'un soupirail, fut renversé d'un coup de fusil. Dans une autre casemate du même fort deux coups de fusils furent tirés sans prétexte par la lucarne. Un des prisonniers fut tué. Au fort d'Ivry, on fit descendre les prisonniers dans des carrières où ils avaient de l'eau jusqu'aux genoux. Quelques-uns y moururent ; et cette eau, que les chevaux refusaient, fut donnée à boire aux prisonniers.

Dans le même fort, comme un grand nombre de prisonniers se trouvaient entassés dans une cave, un officier leur dit qu'on allait leur donner de l'air; c'était le mot d'ordre; on les fit descendre dans une cave sourde, et on les fusilla. Cela n'empêcha pas que le *Moniteur* n'annonçat que, depuis la bataille, on n'avait pas fusillé un seul prisonnier; il est vrai qu'on avait espéré tenir cette exécution secrète, car on défendit aux soldats d'en parler.

Ce fut le dernier des sanglants épisodes de l'insurrection de Juin. Les dépenses occasionnées par cette insurrection ont été évaluées à soixante-seize millions. On aurait pu nourrir tous les ouvriers de Paris pendant un an avec l'argent qu'on dépensa pour les fusiller.

On ne saurait évaluer le nombre des victimes de ces fatales journées. Les calculs officiels ne sont pas sérieux. On s'accorde à dire qu'il ne périt pas plus de quatre à cinq cents insurgés sur les barricades, mais le nombre des prisonniers égorgés s'éleva environ à trois mille, d'après les calculs les plus modérés. Cela rendait le choléra inutile.

CHAPITRE XX.

—

Punition des vaincus. — Anéantissement de la Montagne. — Pierre-Leroux et Caussidière parlent de clémence. — Article de Lamennais contre la terreur. — Article de Proudhon en faveur des insurgés. Toute puissance des royalistes. — Commission d'enquête. — Commissions militaires. — Conseils de guerre. — Transportation sans jugement — Les familles des transportés.
Dictature militaire. — Vote de la Constitution sous l'état de siège. — Contre-coup des journées de juin en Europe. — Élection du Président. — Promesses d'amnistie. — État de la France.

Le premier soin de l'Assemblée nationale, après la victoire, fut de s'occuper de la vengeance à tirer des vaincus. Avant la fin du combat, le président de l'Assemblée, Senard, le même qui avait justifié les massacres de Rouen, avait rédigé un décret qui condamnait à la déportation en masse les insurgés pris les armes à la main. De son côté, Cavaignac voulait qu'on les fît juger par des conseils de guerre. La commission nommée à ce sujet combina les deux propositions : elle proposa d'envoyer les chefs de barricades aux conseils de guerre et de transporter les autres; Cavaignac crut qu'on regardait sa proposition comme trop excessive pour être généralisée, il dit qu'il repoussait le rôle violent qu'on lui donnait devant l'histoire : il paraît que le général s'inquiète fort du jugement de l'avenir; pour peu qu'outre cela le souvenir de son frère lui revienne quelquefois à la pensée, il n'est pas une de ses victimes qui puisse envier le repos de ses nuits.

Dans ce parti, qui osait s'appeler la Montagne, combien s'éleva-t-il de voix en faveur des vaincus? On peut les compter : Il y eut Pierre Leroux et Caussidière qui parlèrent de clémence à la tribune, et quelques jours après Lamennais et Proudhon, qui réclamèrent dans le même sens par la voie de la presse. Pierre Leroux se plaignit que l'Assemblée délibérât toujours avec des passions au lieu de s'élever à ce calme religieux qui convenait aux représentants d'un grand Peuple; il remarqua que pas un des prêtres qui étaient dans l'Assemblée ne vint parler de clémence et de fraternité. Caussidière engagea aussi l'Assemblée à s'élever au-dessus de la haine et de la vengeance et à respecter la justice. « Moi aussi j'ai souffert, dit-il ; n'ai-je pas eu un frère percé de soixante-quatre coups de baïonnettes et blessé de trois coups de feu ? N'ai-je pas vu mon pauvre père, qui a souffert aussi toutes les douleurs de l'existence d'un honnête homme ? Eh bien ! je vous demande de dire une bonne parole ce soir avant de nous séparer. » Pierre Leroux et Caussidière furent interrompus à chaque mot par des cris, des injures, des rires indécents et des rappels à l'ordre.

Le général Lebreton dit que pendant trois jours il avait fait tous ses efforts pour empêcher la garde nationale de fusiller sans jugement, mais qu'elle ne s'était quelquefois rendue à ses instances que sur la promesse d'une punition exemplaire infligée aux coupables. L'Assemblée vota le décret : tous ceux qui avaient pris part à l'insurrection furent condamnés à être transportés dans les colonies autres que celles de la Méditerranée : on ne trouvait pas l'Algérie assez éloignée ni assez malsaine ; les chefs ou instigateurs de l'insurrection furent renvoyés devant les conseils de guerre, ainsi que les réclusionnaires ou forçats libérés qui, suivant les journaux royalistes, se trouvaient au nombre de vingt mille parmi les insurgés ; les conseils de guerre n'en trouvèrent pas un seul.

Sur l'insistance de Pierre Leroux, on permit aux enfants et aux femmes des transportés de les suivre dans leur exil. Un nommé Gustave de Baumont voulait que ces pauvres femmes et ces pauvres enfants fissent le voyage à leurs frais ; cet homme reçut quelques jours après une ambassade à Londres.

Les royalistes triomphaient ; grâce à eux, la République honnête et modérée, comme on continuait à l'appeler, avait fait oublier non-seulement les massacres de septembre, mais les fureurs réactionnaires du Directoire, du Consulat et de la Restauration elle-même. Pour trouver quelque chose de pareil, il faut remonter jusqu'à la Saint-Barthélemy et aux dragonnades.

Pendant une des dernières séances de Juin, Lamennais, entouré, dans la salle des Pas-Perdus, d'un grand nombre de représentants, étendit les mains vers eux, et leur dit : « Il y a un Dieu qui vous demandera compte de tant de sang ! » Dans la bouche d'un vieillard et d'un prêtre, ces paroles prenaient l'autorité d'une prophétie. Quelques jours après, Lamennais écrivit ces lignes :

« Le *Peuple constituant* (journal de Lamennais) a commencé avec la République, il finit avec la République. Car ce que nous voyons, ce n'est pas, certes, la République, ce n'est même rien qui ait un nom : Paris est en état de siége, livré à un pouvoir militaire, livré lui-même à une faction qui en a fait son instrument ; les cachots et les forts de Louis-Philippe encombrés de 14,000 prisonniers, à la suite d'une affreuse boucherie organisée par des conspirateurs dynastiques, devenus, le lendemain, tout-puissants ; des transportations en masse, des proscriptions telles que 93 n'en fournit pas d'exemples ; des lois attentoires au droit de réunion détruit de fait ; l'esclavage et la ruine de la presse par l'application monstrueuse de la législation monarchique remise en vigueur, la garde nationale désarmée en partie, le Peuple décimé et refoulé dans sa misère, plus profonde qu'elle ne le fut jamais, non, encore une fois, non, certes, ce n'est pas là la République; mais autour de sa tombe sanglante les saturnales de la réaction. »

« Les hommes qui se sont faits ses ministres, ses serviteurs dévoués, ne tarderont pas à recueillir la récompense qu'elle leur destine et qu'ils n'ont que trop méritée. Chassés avec mépris, courbés sous la honte, maudits dans le présent, maudits dans l'avenir, ils s'en iront rejoindre les traîtres de tous les siècles dans le charnier où pourrissent les âmes cadavéreuses, les consciences mortes. »

Il est inutile d'ajouter que le gérant du journal fut condamné : quant à Lamennais, malgré ses réclamations, on n'osa pas le mettre en jugement. Proudhon justifia aussi l'insurrection, en l'assimilant à l'homicide dans le cas de légitime défense :

« Si la révolte des 23, 24, 25 et 26 Juin a surgi tout à coup comme un accident de la misère; si la lutte soutenue pendant ces quatre malheureuses journées n'a été qu'un éclat du désespoir, si l'instruction prouve que malgré l'or répandu, malgré les embauchements dynastiques, l'immense majorité des insurgés se composait d'ouvriers démoralisés par le chômage, égarés par la faim, déçus dans leurs espérances, irrités à tort ou a raison contre le pouvoir ; s'il était vrai enfin que le gouvernement, que l'Assemblée nationale elle-même, trompés d'abord sur le véritable sens de l'émeute, eussent porté au comble, par une politique fatale, l'exaspération de ces hommes dont le cri de ralliement était : du pain ou du plomb ! Oh ! alors il faudrait reconnaître que la guerre civile qui vient d'ensanglanter le berceau de la République a été un affreux malheur, mais que grâce au ciel il n'y a pas de coupables, qu'il n'y a que des victimes.

« Un chômage de quatre mois s'est converti subitement en un *casus belli* ; voilà en quelques mots toute la vérité sur ses sombres journées. Mais, quoiqu'on en ait dit, quoique répande encore tous les jours l'égoïste et impitoyable calomnie, la générosité, la haute moralité des classes travailleuses, n'ont point péri dans ce fratricide. Le dénûment des insurgés, la misère des prisonniers, le respect des propriétés qui, s'il faut en croire de nombreux rapports, n'aurait pas été toujours aussi grand du côté de la répression que du côté de l'émeute, sont là qui l'attestent. Ne répandons donc pas le sel et le vinaigre sur des plaies saignantes, ne portons pas le désespoir dans ces consciences assombries, ayons pitié de ces pauvres blessés qui se cachent et meurent sur la paille, en proie à la gangrène, soignés par des enfants sans pain et des épouses folles de misère. »

Proudhon terminait par une espérance d'amnistie. Le lendemain, il s'adressa à la petite bourgeoisie elle-même, à ces boutiquiers condamnés à la misère après avoir fusillé leurs pratiques.

« Il ne s'agit plus de sauver le prolétaire : le prolétaire n'existe plus, on l'a jeté à la voirie. Il faut sauver la bourgeoisie ; la question est aujourd'hui pour la bourgeoisie ce qu'elle était le 23 juin pour le prolétariat.

« Que les auteurs des ordres impitoyables, que les grands politiques qui ont repris la tradition exécrée de Saint-Merry et de Transnonain, que ceux qui ont dit qu'il valait mieux, pour la dignité de l'Assemblée nationale, au lieu d'une conciliation pacifique, le massacre de dix mille citoyens, que ces républicains honnêtes, comme ils se nomment, qui sont venus à la République en parjures, qui la servent en parjures, qui en sortiront en parjures, que ceux-là répondent aujourd'hui à la plainte de la bourgeoisie désespérée, s'ils peuvent.

« Allez donc, maintenant, gardes nationaux égarés, allez demander à vos prétendus conservateurs, du travail, du crédit, du pain ! Ce qu'ils ont à vous offrir pour vous, pour vos femmes et pour vos enfants, c'est du sang et des cadavres ! »

Suivait un projet de décret destiné à sauver la bourgeoisie de la misère. On commença par supprimer le journal de Proudhon, oublié, on ne sait pourquoi, dans la razzia africaine des journaux. Quant à son décret, on le livra à M. Thiers. Proudhon répondit aux puériles et inintelligentes calomnies dont il fut l'objet par une magnifique exposition de la question sociale. Il fut interrompu à chaque phrase par les plus niaises et les plus furibondes exclamations. L'Assemblée crut le flétrir par un ordre du jour voté à la presque unanimité; quelques montagnards s'abstinrent : un seul, Greppo, osa voter pour Proudhon.

Au milieu de cet anéantissement du parti républicain, la réaction ne s'arrêta pas. Senard rédigea une proclamation dans laquelle les insurgés étaient traités de nouveaux barbares, de forcenés sans principes, armés pour le massacre et le pillage. Il rendit les socialistes responsables de l'insurrection, et parla de ces doctrines sauvages pour qui la famille est un mot et la propriété un vol. En lisant cette phrase, il regarda Proudhon : dans un moment pareil, c'était le désigner à l'assassinat. Proudhon donna son adresse.

L'Assemblée essaya d'englober dans une même condamnation les principaux républicains : elle nomma une commission d'enquête pour rechercher les causes de l'insurrection. Cette commission, présidée par Odilon-Barrot, et toute composée de royalistes, rédigea, sous forme de rapport, un recueil de commérages sans portée, d'où il résultait que Caussidière et Louis Blanc auraient été les chefs du mouvement. Leur mise en accusation, formellement demandée par Cavaignac, fut prononcée. Ils parvinrent à se soustraire à une condamnation certaine par l'exil.

La commission d'enquête avait essayé de faire condamner aussi Ledru-Rollin : elle avait poussé l'enquête jusqu'au commencement de la Révolution, et critiqué tous les actes accomplis depuis Février; quant à l'or répandu par les royalistes, elle n'en dit pas un mot. Cependant il était notoire que les différents partis dynastiques étaient les seuls instigateurs de l'insurrection : le Peuple, poussé par la misère, l'avait faite malgré les chefs du parti républicain ; aussi l'insurrection n'eut-elle ni plan ni chefs. Les accusés traduits devant les conseils de guerre étaient d'obscurs et conscencieux soldats de la démocratie, dont le passé révélé par les débats était en général irréprochable, et auxquels un honnête homme ne refuserait pas de serrer la main. Il y avait loin de là aux forçats dont on avait parlé. Les conseils de guerre les condamnaient tantôt à la prison, tantôt aux galères. On leur reprochait jusqu'à leur victoire de Février : « L'armée n'a pas été vaincue en Février, leur disait-on ; si on lui eût permis d'agir, les choses ne se fussent pas passées ainsi. »

Quelques-uns furent acquittés. Comme les conseils de guerre avaient été institués pour juger les plus grands coupables, on commença à se demander s'il n'y avait pas à plus forte raison des innocents parmi les transportés. Les commissions militaires chargées de les juger, avaient agi avec une précipitation et une animosité impardonnables. Les dénonciations anonymes avaient été admises comme preuves, et les accusés étaient condamnés sans être entendus, sans être confrontés avec leurs accusateurs. Il s'était organisé dans tous les quartiers une sorte de police secrète, une agence de dénonciations ; comme il n'est pas d'honnête homme qui n'ait quelques ennemis, personne n'était sûr de son lendemain. La négligence à faire le service de la garde nationale, des amis reçus trop tard ou trop matin, une nuit passée hors du logis, pouvaient devenir des crimes politiques. Le dossier de quelques-uns des condamnés portait pour unique charge : *opinions avancées*. On arrêta des femmes en couche et des paralytiques, on porta sur la liste de transportation un homme mort depuis plusieurs mois, et un autre qui, au moment de l'insurrection, était préfet en province ; un citoyen fut condamné pour avoir tué un militaire auquel, au contraire, il avait sauvé la vie; quand sa mère et sa femme réclamèrent, on leur dit qu'il fallait qu'elles retrouvassent l'homme qui devait avoir péri ; un hasard providentiel le leur fit découvrir.

Ce que les prisonniers demandaient avec le plus d'instance, c'était de pouvoir communiquer avec leurs familles ; cette permission leur fut longtemps refusée. Près de deux mois après l'insurrection, malgré les affirmations de Lamoricière à la tribune, on obtenait à peine quelques rares permissions à force de protection et d'insistance. Il y avait des femmes de détenus qui faisaient queue pendant trois jours, depuis huit heures du matin jusqu'au soir sans en obtenir; le petit nombre de permissions qu'on accordait portaient des indications d'heures pendant lesquelles l'entrée du fort était interdite par le directeur.

La plupart des prisonniers appartenaient à la classe pauvre et étaient les seuls soutiens de leurs familles. La pensée de l'exil qui les attendait les affligeait moins que celle du dénuement des leurs. Quand des femmes et des enfants de détenus réclamaient des secours aux mairies on les leur refusait toujours. Plusieurs citoyens ouvrirent des souscriptions en leur faveur ; un commissaire de police alla saisir les registres d'une de ces associations. Lorsque les permissions de communiquer avec les prisonniers furent moins rares, on vit souvent quelques-uns de ces malheureux se priver de leur misérable nourriture pour soulager la faim des femmes et des enfants qui venaient leur dire adieu. Des collectes se firent dans les prisons en faveur des familles des détenus les plus pauvres. Les soldats eux-mêmes étaient parfois touchés de tant de souffrances; après l'irritation des premiers jours, ils se lassaient quelquefois du métier de geoliers et de bourreaux; quand on s'en apercevait on changeait la garnison. On poussait les précautions jusqu'à placer dans les forts des agens de police jouant le rôle d'insurgés.

De temps en temps on venait enlever, la nuit,

quelques-uns des prisonniers, sans leur dire où ils allaient ; on les attachait et on les plaçait dans des wagons qui les menaient dans un port de mer, pour y attendre le temps de la transportation définitive. Il y avait parmi eux des enfants au dessous de treize ans ; on parle d'un enfant de huit ans. Il y avait un vieillard de soixante ans, décoré de deux croix et de cinq médailles de sauvetage ; il avait sauvé soixante-seize existences.

Quelquefois les femmes et les enfans des exilés étaient admis à leur dire un dernier adieu ; alors c'étaient des sanglots et des larmes qui brisaient la résignation des condamnés : le plus souvent le départ s'effectuait sans qu'on avertit les familles ; dans un des forts on leur donna rendez-vous à cinq heures, mais dès trois heures du matin on avait fait partir les prisonniers. Il y avait des femmes qui couchaient sur le talus des forts afin de pouvoir embrasser leurs maris au passage. Mais on les empêchait d'approcher.

Pendant ce temps-là, M. Marrast, président de l'Assemblée, donnait des soirées splendides dans lesquelles il ouvrait la danse avec Mme de Lamoricière ; l'Assemblée délibérait et votait à l'abri de l'état de siége, qui semblait devoir se prolonger indéfiniment. Le lendemain de l'insurrection, Cavaignac avait feint de vouloir déposer ses pouvoirs ; l'Assemblée, sous le coup de la terreur, l'avait supplié de les garder. Il s'était donné un ministère. Sénard avait été placé à l'intérieur ; de tous les hommes de février, Marie seul avait été conservé à cause de l'antipathie spéciale que les ouvriers lui témoignaient. Ainsi que Cavaignac l'avoua plus tard, les hommes qu'il choisit étaient les plus propres à attaquer toutes les libertés. On trancha la question du prolétariat par une dissolution pure et simple des ateliers nationaux ; on soumit les clubs à une législation hypocrite qui les annulait ; on établit contre la presse des lois plus oppressives que celles de la monarchie. Quelques jours après le vote de ces lois, Cavaignac suspendit quelques journaux, sans daigner se servir de l'arme qu'on venait de lui donner ; l'Assemblée reçut le soufflet et baissa la tête.

Lorsqu'il n'y eut ni clubs ni journaux, l'Assemblée vota précipitamment, toujours sous l'état de siége, une Constitution monarchique, dont la pensée se résume dans la négation du droit au travail. En décrétant que le pouvoir exécutif serait confié à un président, auquel elle assigna des prérogatives exorbitantes, elle permit aux partis royalistes de se mesurer. Aussi l'agitation réactionnaire devint plus active que jamais dans les provinces, et chaque parti se prépara pour la guerre civile. Quant au rôle extérieur de la France, il se borna, comme sous la monarchie, à une humble soumission aux volontés de l'Angleterre. Le ministère ne répondait aux interpellations que par des phrases ambiguës. Jamais il n'y avait eu tant de bassesses vis-à-vis des autres puissances de l'Europe, que sous ce régime du sabre. Cela eut du moins un bon résultat : celui de dégoûter à tout jamais la France du clinquant militaire.

L'élan révolutionnaire imprimé à l'Europe par la France de Février est comprimé partout à la fois. La Lombardie délivrée se donne à un roi qui la vend à l'Autriche ; le roi de Prusse demande pardon ; on le conserve. L'empereur d'Autriche se sauve : on le rappelle. Partout la générosité du Peuple est récompensée par la trahison de ses maîtres. L'état de siége fait le tour de l'Europe, et partout il présente ce même caractère de fureur sauvage et bestiale. Les fusillades de Paris ont leur pendant à Vienne ; les Croates de Radetzky et de Windischgraetz renouvellent les atrocités des lazzaroni de Naples et des gardes mobiles de Paris.

L'élection du président avait été fixée au 10 décembre. C'était le moment que les partis attendaient pour compter leurs forces. Les réactionnaires se divisèrent en deux camps : les uns rêvant une Restauration monarchique, jetèrent comme un défi à la face du pays le nom de Louis Bonaparte, qui était la négation de la Révolution de Février. C'était faire appel à la guerre civile, car on pouvait penser que le Peuple qui avait fait la République ne la laisserait pas escamoter par un prétendant.

Les autres feignant d'accepter le nom de la République, repoussaient les conséquences inévitables de la forme républicaine. Le nom qu'ils prirent pour drapeau fut celui du bombardeur des faubourgs, de l'homme qui avait répondu aux cris de famine du Peuple par les fusillades de Juin et les transportations sans jugement.

Le parti républicain était également divisé. Les uns se groupèrent autour de Ledru-Rollin, le seul nom républicain qui eût quelque popularité dans les provinces; les autres, se rappelant le 16 avril et toutes les trahisons du Gouvernement provisoire et de la commission exécutive, prirent pour candidat un des prisonniers de Vincennes, Raspail. Le socialisme, en refusant de voiler son drapeau, s'élevait ainsi à la hauteur d'un parti politique.

Grâce aux manœuvres de la réaction, on pouvait affirmer d'avance que le nom d'un élu du privilège sortirait de l'urne. Mais le nouveau pouvoir, quel qu'il fût, avait un moyen facile de se faire accepter par le Peuple; c'était de prendre l'initiative d'une proposition d'amnistie.

Ce mot d'amnistie, Proudhon l'avait prononcé le premier au milieu des saturnales de la terreur, au bruit du bombardement des faubourgs; depuis ce temps cette pensée avait fait de si immenses progrès qu'il est inconcevable que ni l'un ni l'autre des deux candidats de la bourgeoisie n'ait songé à s'en faire honneur. Les agents électoraux de Bonaparte promirent l'amnistie en son nom : lui-même la promit dans ses programmes, et dans une conversation qu'il eut avec un représentant de la Montagne.

Sur la foi de cette promesse et en haine de Cavaignac, le Peuple vota pour Bonaparte : des voix républicaines s'ajoutèrent ainsi à celles des royalistes coalisés.

Dès le lendemain de l'élection, le président se posa, comme on devait s'y attendre, en rival de l'Assemblée, dont les royalistes demandèrent aussitôt la dissolution. De lâchetés en lâchetés, cette déplorable Assemblée en était venue à un tel degré d'anéantissement et d'impuissance, que, sans l'appui dédaigneux des républicains, ses victimes, un souffle eût suffi pour la renverser.

Et cependant, à ce moment de suprême agonie, pour laver tant de honte au dehors, pour faire oublier tant d'implacable tyrannie au dedans, que lui eût-il fallu aux yeux de l'histoire ?

Une bonne parole, la première, une pensée de fraternité, de concorde et d'oubli. Elle pouvait donner le nom orgueilleux de clémence à ce qui n'eût été qu'un acte de justice, et le Peuple qui pardonne beaucoup, — trop peut-être, — sans attendre le jour inévitable où il pourra se poser en accusateur et en juge, en revoyant ses frères proscrits, eût oublié ses frères fusillés.

Mais les pouvoirs rivaux ne s'entendaient que sur un point : le refus de l'amnistie. Cette question, portée cent fois à la tribune avec une obstination généreuse, par Lagrange, fut toujours repoussée. Pendant ce temps, Louis Bonaparte faisait partir pour Brest les derniers convois de transportés, et expédiait vers les bagnes les condamnés des conseils de guerre. Les pouvoirs se succèdent et se ressemblent ; les nouveaux venus semblaient dire aux fusilleurs de juin : laissez-nous une part dans la haine du Peuple.

Maintenant les partis sont en présence : le fédéralisme est tout-puissant et se montre à découvert. Chez la bourgeoisie, la fureur qui suivit la victoire a fait place, sinon à la pitié et au remords, du moins à la crainte incessante d'inévitables représailles. Les journaux de la réaction rêvent chaque jour de complots imaginaires : c'est le commencement de l'expiation. L'armée est dégoûtée et mécontente. Au lieu d'une glorieuse guerre de propagande, les soldats n'ont en perspective qu'un métier des gendarme ou de bourreaux.

Quant au Peuple, il ne confond pas, il est vrai, la République avec les vampires qui la saignent et les incubes qui la violent; mais si sa presse n'était pas muselée, bâillonnée, décimée, si ses clubs n'étaient pas traqués, fermés et annulés, ses amis emprisonnés, déportés ou exilés, il aurait bien des choses à dire, bien des justes plaintes à faire entendre.

Ce serait un morne concert de gémissements sinistres, qui s'élèverait des cages de Vincennes, des pontons de Brest et de Cherbourg, du bagne de Rochefort.

Ce serait le cri de douleur de tant de victimes entassées depuis six mois, sans jugement, sur la paille infecte et humide, n'ayant pour échos de leurs plaintes que le bruit des vagues de la mer, et pour visions dans leurs nuits que le spectacle navrant de leurs familles affamées.

Voilà l'œuvre des hommes qui depuis Février ont accaparé le pouvoir ; lâcheté chez les uns, trahison chez les autres, tous, à des degrés divers, ont perdu la Révolution. Désormais le Peuple sera le seul acteur du drame révolutionnaire, et il ne le jouera qu'à son heure : il repoussera les provocations de ses ennemis, et, si les diverses factions dynastiques appellent la guerre civile au secours de leurs intérêts égoïstes, il leur laissera la responsabilité de cette lutte impie.

Le Peuple n'est pas en cause : il regardera calme et impassible cette tempête amoncelée par de mesquines intrigues et des ambitions furieuses, et laissera passer à ses pieds ce ruisseau de boue et de sang.

FIN.

TABLE DES MATIÈRES.

CHAPITRE I.—Page 1.

Introduction. — Causes générales de la révolution de Février. — Agonie de la vieille société.—Corruption dans les mœurs et dans la politique.—Session des scandales.—La bourgeoisie se détache de son gouvernement.—Les banquets réformistes.—Le ministère viole le droit de réunion. — L'opposition recule. — Attitude du Peuple et des sociétés secrètes.—Conseils de guerre aux bureaux de la *Réforme*.

Journée du 22 février.—Rassemblements populaires.—Préparatifs du pouvoir.— Hésitation des troupes et de la garde nationale.— Premières barricades.

CHAPITRE II.—Page 17.

Journée du 23.—Neutralité de la garde nationale.—Progrès de l'Insurrection.—Le peuple crie partout : *Vive la Ligne !* il évite une lutte générale.

Séance de la chambre.—Ministère Molé.—Joie de la bourgeoisie.— Pétition du comité électoral démocratique.—Le peuple veut compléter sa victoire.

Massacre du boulevard des Capucines.—Journée du 24.—Défection de la troupe.—La garde nationale entraînée dans le mouvement. —Concession tardive du roi.—Ministère Thiers.—Ministère Barrot. —Abdication du roi.—Sa fuite.

Combat du Château-d'Eau.—Prise des Tuileries.—Probité du peuple.

CHAPITRE III.—Page 23.

Efforts suprêmes de la royauté.—La duchesse d'Orléans à la chambre.—Dupin parle en faveur de la régence. — Marie et Crémieux demandent un gouvernement provisoire. — Discours d'Odilon Barrot.—Impuissance de l'Opposition.
Envahissement de la chambre.—Discours de Ledru-Rollin contre la régence.—Discours de Lamartine.—Essai de formation d'un gouvernement provisoire.

CHAPITRE IV.—Page 43.

Première proclamation.—Distribution des Ministères.—Le Peuple impose la République au Gouvernement provisoire.
Composition hétérogène de ce gouvernement.—Trois partis hostiles.—La police républicaine.
Création de la garde mobile.—Proscriptions des emblèmes républicains.—Clémence du Peuple.—Abolition de l'échafaud politique.

CHAPITRE V.—Page 63.

La curée des places.—Inquiétude du Peuple.—Proclamation socialiste dictée au Gouvernement provisoire. — La question sociale posée par le Peuple à l'Hôtel-de-Ville.—Création de la commission du Luxembourg.—Ses services.—Son premier décret.
Manœuvres du Gouvernement contre les journaux.— Développement de la presse républicaine.—Ouverture des clubs.—Initiation du Peuple à la vie démocratique.

CHAPITRE VI.—Page 75.

Établissement de la République dans les départements.—Les Commissaires de Ledru-Rollin.
La circulaire de Lamartine. — Mouvement général des Peuples de l'Europe après la Révolution de Février.—Départ des bandes républicaines vers la frontière.—Massacres des colonnes Belges.
Indécision du Gouvernement.—Fausses mesures financières.—Dons patriotiques offerts par le Peuple.—Impôt des 45 centimes.
La circulaire de Ledru-Rollin.—Conspirations des bonnets à poil.

CHAPITRE VII.—Page 91.

Journée du 17 mars. — Marche du Peuple vers l'Hôtel-de-Ville. — Conférence des délégués du Peuple avec le Gouvernement provisoire.—Lamartine promet l'ajournement des élections et l'éloignement de l'armée.—Le Peuple se retire.

Le Gouvernement provisoire écarte l'influence de Blanqui, puis élude toutes ses promesses du 17 mars.

Intrigues de la réaction dans les provinces.—Torpeur des ouvriers au moment des élections.—Centralisation des clubs.

CHAPITRE VIII.—Page 105.

Complot réactionnaire du 16 avril.—Le rappel battu dans tout Paris. —Cris de mort contre les communistes. — Enthousiasme de la bourgeoisie pour Lamartine. — Les ouvriers reçus par Louis Blanc à l'Hôtel-de-Ville.

Menaces d'assassinat contre Cabet.—Nouvelles parades de la garde nationale.—Rappel de l'armée.—Toute-puissance de la réaction.— Ses manœuvres électorales.—Le suffrage universel faussé partout.

Troubles en province à l'occasion des élections.—Victoire pacifique du Peuple de Limoges.—Massacres de Rouen.

CHAPITRE IX.—Page 125.

Réunion de l'Assemblée nationale. — Acclamation unanime de la République. — Le Gouvernement provisoire rend ses comptes.— On lui vote des remerciments.—Protestation de Barbès.

Création d'une commission exécutive.—Exclusion des socialistes.— Précautions prises par l'Assemblée contre le Peuple. — Impuissance de la Montagne.

CHAPITRE X.— Page 134.

Défaite générale de la révolution en Europe.—Massacre des Insurgés Polonais. — Huber organise une manifestation en faveur de la Pologne.

Journée du 15 mai.—Le Peuple se rend sans armes à l'Assemblée.— On lui barre le passage.—Il pénètre jusqu'à la place Bellechasse.

Envahissement des tribunes et de la salle des séances.—Efforts de Louis Blanc pour contenir le Peuple. — Raspail lit une pétition en faveur de la Pologne.—Barbès engage l'Assemblée à délibérer et le Peuple à se retirer.

CHAPITRE XI.—Page 147.

Blanqui demande au nom du Peuple le rétablissement de la Pologne, une enquête sur les massacres de Rouen et des lois en fa-

veur du travail.—Ledru-Rollin promet satisfaction au Peuple.—
Les délégués des clubs cherchent à faire évacuer la salle.—Buchez
donne l'ordre de faire cesser le rappel.—Derniers efforts de Barbès
et de Louis Blanc pour faire sortir le Peuple.— Huber prononce
la dissolution de l'Assemblée nationale.

CHAPITRE XII.—Page 165.

Les Représentants quittent la salle des séances. — On propose un
gouvernement provisoire. — Barbès et Albert sont entraînés à
l'Hôtel-de-Ville par le Peuple.—La garde nationale ne leur oppose
aucun obstacle.

L'Hôtel-de-Ville est envahi par la garde nationale. — Barbès et Albert sont traînés en prison.

Les Représentants rentrent à l'Assemblée. — Tentatives d'assassinat
contre Courtais et Louis Blanc.—Louis Blanc à la tribune.—Clameurs des Représentants.—L'Assemblée essaie en vain de délibérer.

CHAPITRE XIII.—Page 175.

Arrestation de Sobrier.—Pillage de sa maison et de celle de Cabet.
—Quatre cents arrestations. — Les chefs de la démocratie enfermés à Vincennes.—Fête de la Concorde et de la Fraternité.—Fureur contre les clubs.—Les gardes nationaux tirent les uns sur les
autres au passage Molière.

La Commission exécutive se met aux ordres de la réaction.—Ses insinuations contre Caussidière.—Rapport contre Louis Blanc.

CHAPITRE XIV.—Page 187.

Loi contre les attroupements. — Nouvelles élections. — Importance
donnée à M. Louis Bonaparte par les maladresses de la Commission exécutive.

Efforts des Républicains pour empêcher une insurrection. — Manœuvres des royalistes pour rendre la lutte inévitable. — Rôle
équivoque de la Commission exécutive.

Mauvaise organisation des ateliers nationaux. — Attaques continuelles de l'Assemblée contre les ouvriers.—La commission exécutive, par une mesure violente, donne le signal de l'insurrection.

CHAPITRE XV.—Page 201.

Conférence entre Marie et les délégués des ateliers nationaux. —

Préparatifs de la Commission exécutive.—Résistance de Cavaignac. —Ressources du pouvoir.

Journée du 23 juin. — Étendue de l'insurrection. — Modération du Peuple.—Premiers combats à la porte Saint-Denis, au faubourg Poissonnière, et aux abords de la Cité.

CHAPITRE XVI.—Page 217.

Journée du 24 juin. — Proclamation de l'état de siége et de la dictature militaire. — Suppression des journaux.

Caractère politique de l'insurrection. — Modération des insurgés. — Calomnies répandues contre eux. — Acharnement de leurs adversaires.

Attaque et prise du Panthéon. — Prisonniers fusillés au Luxembourg, etc. — Prise de la place Maubert. — Prisonniers fusillés à l'Hôtel de Cluny, etc.

CHAPITRE XVII.—Page 233.

Proclamations promettant l'amnistie. — Massacres des prisonniers rendus sur ces promesses.

Journée du 25. — Le général Bréa à la barrière de Fontainebleau.— Irritations des insurgés à la nouvelle des massacres du Panthéon. — Mort de Bréa.

Assassinat de deux parlementaires du Peuple pendant une trêve. — Divers représentants se rendent dans les quartiers des insurgés.

Attaque du Marais et du faubourg du Temple. — Massacres pendant et après la victoire. — Fusillades en masse dans le quartier de l'Hôtel-de-Ville.

CHAPITRE XVIII.—Page 253.

Attaque et prise du Clos Saint-Lazare. — Attaque du faubourg Saint-Antoine. — Probité du Peuple. — La caserne de Reuilly prise par le Peuple et reprise par les troupes. — Fusillade des prisonniers.

Ivresse des mobiles et bruit d'empoisonnement. — Analyse de l'eau-de-vie et des balles par les chimistes.

Propositions de paix faites par les ouvriers. — Mort de l'Archevêque.—Proclamation du Peuple.— Journée du 26. — Capitulation du faubourg. — Massacre des prisonniers. — Adieu des insurgés à leurs frères morts.

CHAPITRE XIX.—Page 269.

Suites de l'insurrection.— Récompenses données aux vainqueurs.— Dénonciations, perquisitions et arrestations. — Prisonniers fusillés dans les maisons, les rues et les casernes.

Le fédéralisme. — Invasion des gardes nationaux de province. — Les prisonniers des caveaux des Tuileries. — Massacre du Carrousel. Translation des prisonniers dans les forts. — Leurs souffrances. — Derniers massacres.

CHAPITRE XX. — Page 287.

Punition des vaincus. — Anéantissement de la Montagne. — Pierre Leroux et Caussidière parlent de clémence. — Article de Lamennais contre la terreur. — Article de Proudhon en faveur des insurgés.

Toute-puissance des royalistes. — Commission d'enquête. — Commissions militaires. — Conseils de guerre. — Transportation sans jugement. — Les familles des transportés.

Dictature militaire. — Vote de la Constitution sous l'état de siège. — Contre-coup des journées de juin en Europe. — Election du Président. — Promesses d'amnistie. — Etat de la France.

www.ingramcontent.com/pod-product-compliance
Lightning Source LLC
Chambersburg PA
CBHW071249160426
43196CB00009B/1229